世界のエリートはなぜ、「この基本」を大事にするのか?

戸塚隆将

朝日文庫

本書は二〇一三年八月、小社より刊行された『世界のエリートはなぜ、「この基本」を大事にするのか?』を加筆修正したものです。

肩書・組織名等は、執筆時のものです。

Prologue

先行き不透明な時代に役立つ「基本」とは?

ゴールドマン・サックス、マッキンゼー・アンド・カンパニー、ハーバード・ビジネス・スクールと聞くと、どのようなイメージを抱くでしょうか?

世界の多くのメディアでは、ゴールドマン・サックス＝「世界最強の投資銀行」、マッキンゼー・アンド・カンパニー＝「世界最高のコンサルティング・ファーム」、ハーバード・ビジネス・スクール＝「世界最上級のビジネス・スクール」というように、各分野のナンバー1として紹介されることも少なくありません。

一方で、「利益至上主義の強欲なハゲタカ金融機関」「机上の空論で高額なフィーを請求する頭でっかちなコンサルティング・ファーム」「エリート意識の強い鼻もちならない経営者を送りだす経営大学院」というイメージをお持ちの方もいるでしょう。

あるいは、それぞれを良く知る人には、**「少数精鋭・高収益体質の投資銀行」「どんな難題にも果敢に取り組む問題解決集団」「世界のリーダーを輩出する高等教育機関」**

というようなポジティブなイメージもあるでしょう。

私個人の意見では、どれもYESであり、どれもNOです。当たっている部分もあるし、そうでないと感じる部分もあります。火のない所に煙は立ちません。様々な評価の裏側には、それぞれ一定の根拠があるのでしょう。

世界の産業・金融・政治を動かす〝卒業生〟

ここで、私自身の自己紹介をさせてください。

私は、国内の大学を卒業し新卒でゴールドマンに入社し、社会人として、インベストメント・バンカー（投資銀行家）としての基礎を教えこまれました。その後、ハーバードへの私費留学のため同社を退社し、ボストンのキャンパスで2年間学びMBA（経営学修士）を取得しました。ハーバード卒業後はマッキンゼーに入社し、経営コンサルタントとしての基礎を学びました。現在はグローバル人材開発を支援する会社を経営しています。

一般に米国のビジネス・スクール（経営大学院修士課程）の学生は、大学を卒業後、一旦は社会人としての経験を積み、3〜5年前後の実務経験を経て、2年間ビジネス・スクールに入学します。卒業時に得る学位がいわゆるMBAです。

実は、ゴールドマン、マッキンゼー、ハーバードには強い結びつきがあります。ハーバード・ビジネス・スクール生の出身企業は、1位と2位をマッキンゼーとゴールドマンが占めます。さらには、卒業生進路の1位と2位もこの2社です。

この2企業の出身者が、米国・欧州を中心として世界の産業界、金融界、さらには政界に広がり、横のつながりを形成し、お互いに影響をし合っています。いわばゴールドマン、マッキンゼー、ハーバードの常識・ルールが知らず知らずのうちに、世界の産業界、金融界で指導的役割を果たしていると言っても過言ではありません。

アジア、中東、中南米、アフリカといった新興国の地元有力財閥の子息がハーバード・ビジネス・スクールで学び、修業の場として、投資銀行、コンサルティング業界を経て、自国に戻るケースが多いです。当然ながら、業界ナンバー1であるゴールドマン、マッキンゼー出身者が彼らの多くを占めます。結果、その影響力は米欧に留《とど》まりません。

参考までに、ゴールドマン、マッキンゼー、ハーバードの出身者を例に挙げます。

G・W・ブッシュ政権時に米国財務長官を務めたヘンリー・ポールソンはハーバード・ビジネス・スクールを卒業後、ゴールドマン・サックスでキャリアを積み、会長兼CEOを務め政界に転じました。

現ボーダフォンCEOのイタリア人実業家であるヴィットリオ・コラオはハーバード・ビジネス・スクールからマッキンゼーを経て、世界最大の携帯通信会社を率いています。

ボーイングCEOのジェームズ・マクナニーも同様にハーバード・ビジネス・スクール、マッキンゼーを経て、航空業界で指導的役割を果たしている人物です。

アフリカ系女性起業家でありAfrica. com CEOのテレサ・クラークはハーバード・ビジネス・スクールを卒業しゴールドマンでマネージング・ディレクターを務め、Africa. comをスタートしました。

元ニューヨーク証券取引所CEOのジョン・セインもハーバード・ビジネス・スクールを経てゴールドマン・サックスの社長兼COOを務め、その後メリルリンチCEOから証券取引所のトップに転じた人物です。

他にも、ゴールドマンを経て、産業界、政界等に転ずる、あるいは、マッキンゼーのコンサルタントを経て、産業界で活躍するハーバード卒業生が数多くいます。

一方で国内に目を転じると、昨今では、東大生の人気就職先企業ランキングの最上位を、ゴールドマンとマッキンゼーが占めています。国内での人的結びつきや影響力も、ますます強まってきていると言えるでしょう。

トップエリートが実践する4つの「基本」

本書では、私自身のゴールドマン、マッキンゼー、ハーバードでのキャリアを振り返り、共通する基本の考え方、価値観、仕事の流儀を思い起こしてみました。

なぜ、私はこの本を書こうと考えたのでしょうか。きっかけは、「グローバル化」と叫ばれる昨今において、世界に展開するトップ・グローバル・ファームの社員や、世界で活躍するトップ・ビジネス・スクールの卒業生には何らかの「常識」「価値観」「ルール」のようなものがあるのだろうか、と疑問を持ったことです。

その後、ありがたいご縁がきっかけで出版の機会をいただきました。編集者との議論を重ねるなかで、私自身のゴールドマン、マッキンゼー、ハーバードでの学びを一度整理し、広く共有できる形にすることに一定の価値があるのではないか、という意見をもらいました。そこで、私自身、自分のキャリアを振り返ることにしました。

改めて整理してみると、ゴールドマンとマッキンゼーにおける元上司・同僚、ハーバードのクラスメート達には、明らかな共通点があると気づかされました。

そして、その共通点の一つひとつは能力や経験に関係なく、ちょっとしたコツと心がけ次第で真似できる、と感じるものばかりでした。**そのエッセンスを一言でいえば、「基本に徹する」ということです。**

さらには、そのエッセンスは、米欧に特有のものではなく、日本のビジネスパーソンが、昔から大切にしてきた常識ばかりではないかと気づきました。つまり、万国共通の普遍的な仕事の流儀が存在するということなのではないでしょうか。

タイトルにある「世界のエリート」が日々積み重ねている「基本」を洗い出してみることで、グローバル人材を目指すビジネスパーソンが、まず身に着けるべきスキルや考え方は、実はとても身近なところにあることがわかりました。

ゴールドマン、マッキンゼー、ハーバードに共通する「基本」とは、大きく分けて4つのポイントに整理できます。

①　人との「つながり」を大切にする
②　「自分磨き」を一生継続する
③　「日々の成果出し」に強くこだわる

④「世界的な視野」を常に意識する

本書では、これら4つのポイントを具体的に48の「基本」として、なるべく多くのエピソードを交えながら紹介するよう心がけました。新たな考え方や発見を伝えるというよりは、むしろ、読者の方が既に知っているポイント、時に実践している仕事の「基本」を再確認してもらえる、再整理してもらうきっかけを作ることを目的としました。

先行き不透明な時代には、環境変化に柔軟に対応する機敏さを備えつつ、本質に立ち戻ることが大切でしょう。今こそ、改めて、「基本」を見直す姿勢が求められているのではないでしょうか。

これから社会に出る学生、新社会人となった入社1～3年目のビジネスパーソン、キャリアアップを目指す20代後半～30代のビジネスパーソン、若手社員の教育を担う管理職の方々にとって、本書が多少なりとも役に立てば嬉《うれ》しく思います。

それでは、48のポイントを見ていきましょう。

著者

ブックデザイン　遠藤陽一（デザインワークショップジン）

世界のエリートはなぜ、
「この基本」を
大事にするのか?

Contents

prologue 先行き不透明な時代に役立つ「基本」とは？ 3

Chapter 1 人との「つながり」に投資する

1 利害関係を越えた「つながり」を信じる 20
2 貴重な時間とお金を「つながり」に投資する 23
3 学生一人ひとりの名前を覚えるハーバードの教授 27
4 相手への興味を真摯に持ち、質問する 32
5 相手との時間を印象的に共有する 35
6 先輩・上司との飲み会を避けない 39

7 どんなに多忙でも、週1回仕事と関係ない人に会う 43
Column❶ 外国人との挨拶で気をつけたい「握手の質」 48

Chapter 2 自分の内面と外見を磨く

8 エレベーターで他人を先に降ろす余裕を持つ 54
9 「すみません」よりも「ありがとう」を伝える 57
10 正解のない問題を考えるクセをつける 60
11 読んだら3倍考える、マッキンゼー流読書術 63
12 新聞は「世間の反応」を考えながら読む 66
13 斬新な「思いつき」よりも、骨太な「意見」を重視する 71
14 ネットでカンニングせず、自分の頭で答えを出す 74
15 紙とペンを手にオフィスを離れよう 78

16 「ポイントは3つ」で思考の瞬発力を鍛える 82
17 無遅刻・無欠勤を続けられる健康管理をする 85
18 身体を動かすことで心にアンチ・エイジングを施す 88
19 服装は個性よりも清潔感を大事にする 92
20 2週間に1度は靴を手入れする 95

Chapter 3
時間に支配されずに働く

21 どんな理由があろうと、10分前には現地到着 102
22 ハーバード卒業生が教える週末自己投資術 104
23 ゴールドマンの上司が始業1時間前にしていること 109
24 明日の朝一ダッシュをかけるための儀式 112

25 1週間が始まる前にオフからオンに切り替える 115
26 ゴールドマン流優先順位設定法 119

Chapter 4 決定的なコミュニケーションで成果を出す

27 3秒で開ける場所に常にノートを置いておく 126
28 仕事を頼まれたら、その場で完成イメージを共有 129
29 引き受けた仕事は5分間限定ですぐやる 132
30 メールの返信スピード＝あなたの評価 134
31 上司へのホウレンソウは先手必勝 138
32 ホウレンソウは仮説を入れて、念押し型でやる 141
33 忙しい上司のスケジュールに割り込む 144

34 上司への経過報告は翌朝を狙う 148

Chapter 5 利益を生む資料と会議で貢献する

35 作った資料は「自分の商品」だと心得る 154
36 マッキンゼーがプレゼン資料に1色しか使わない理由 156
37 資料は「紙芝居」と「3W」を意識する 158
38 「マッキンゼーノート」で伝わる資料を作る 162
39 「1チャート、1メッセージ」にこだわらない 167
40 attention to detail を徹底する 171
41 会議で発言しないのは「欠席」と同じ 174
42 会議ではホワイトボードの前に座る 177

Column 2 外国人との会議における存在感の出し方 183

Chapter 6

世界に打って出るキャリアを高める

43 愛国心をパワーの源に変える 192
44 英語は「ペラペラ」よりも論理コミュニケーション力 196
45 英語上達は目標を明確に短時間で成果を出す 199
46 今より一つ上のポジションを意識して仕事する 202
47 会社は「退学」せずに「卒業」する 205
48 「自分ノート」を肌身離さず目標管理する 209

Epilogue 「基本」に立ち返ることの価値 214

Chapter

1

人との「つながり」に投資する

1 利害関係を越えた「つながり」を信じる

「先を見越して点（"dots"）をつなぐことはできない。振り返ってみて、はじめて点をつなぐことができる。だから将来何らかの形で点がつながると信じることだ。そのためには、何かを信じることだ。直感、運命、人生、カルマ、何であれ」

"Again, you can't connect the dots looking forward; you can only connect them looking backward. So, you have to trust that the dots will somehow connect in your future. You have to trust in something — your gut, destiny, life, karma, whatever."

アップル創業者のスティーブ・ジョブズによる有名なスピーチの抜粋です。そこで、ジョブズは3つのストーリーを述べています。そして、その1点目のストーリーが"connecting the dots"です。

ジョブズは、大学中退を決断したあと、目標を定めきれずに友人宅に居候し、しばらく大学内で非専攻クラスの授業をうけていたようです。たまたま当時興味を持って受講したカリグラフィー（calligraphy＝文字を美しく見せる書法）のクラスでの経験が、後々のマッキントッシュコンピュータの原点の一つとなったと述べています。

しかし当時、将来カリグラフィーの勉強がどのように役立つかは全く想像ができず、自分の直感と興味に従っただけだったと述べています。あとから振り返ってみると、その時にカリグラフィーを学んだ一つの経験（ジョブズは「点」“dot”と表現しています）が、後の起業時の経験（“dot”）と結びついた、と語っています。

ジョブズがスピーチの中で例に挙げた“dot”は、経験や体験のことです。

私は、人間関係もまさに“connecting the dots”だと考えています。

たまたま何かの縁で知り合った友人。その友人との関係が、将来どのように発展していくかを見越すことはできません。ジョブズがカリグラフィーのコースを受講した時と同じように、将来何らかの関係に発展すると期待するのではありません。

直感、運命、人生、カルマ、何であれ、何かを信じることです。利害関係を越えた何かのつながりを信じることで、結果として人間関係は発展します。将来、振り返ってみて点と点がつながることがあります。そのためには日頃から分け隔てなく、幅広い人間関係を構築することを意識することが大事だと考えています。

実際、自分のこれまでの39年間を振り返ってみると、数えきれないほど多くの友人に助けられています。そして、友人との関係の発展は、まさに〝connecting the dots〟であると感じます。

私が、マッキンゼーを退職し、独立をした当初、一緒に会社を立ち上げた仲間は、大学時代からの親友です。学生時代に、将来一緒にビジネスを立ち上げることになるとはお互い想像もしていませんでした。

純粋に、お互いを刺激し合う良き仲間で、良く遊び良く学んだ間柄に過ぎません。多くの時間を一緒に過ごし、それが結果的に起業仲間にまで発展しただけです。そして、その後も私は他の学生時代の友人、社会人になってから知り合った友人達と多くの仕事を共にしています。

どの友人関係も、出会った当時、どう発展するとか全く想像できなかったし、想像をしようともしませんでした。単に、自分の直感、興味、運命に従っただけです。

そして、何より大事だと感じることは、感謝の気持ちを持つことだと思います。感謝の気持ちは一方通行にはなりません。自分の感謝は、相手に必ず届くものです。届くことを見越すのではなく、結果として届くものなのだと考えています。

2
貴重な時間とお金を「つながり」に投資する

ＭＢＡの価値について聞かれると、私は決まってこう答えます。**ハーバード・ビジネス・スクール（以下、ＨＢＳ）に行って良かったことは、①友人関係、②視野の広がり、③一定の自信の獲得です。**

クラスメート達はキャリアを中断し、2年間の高い学費を払って世界中から学びにくる同世代のグループです。この中に自分も身を置き、切磋《せっさ》琢磨《たくま》し、かつ語り合えた仲間とのつながりは何にも代えがたい財産です。

ＨＢＳ特有のケースメソッド教育や、学生全体の約3割を占める外国人留学生を含む多様な学生達との交流により、世界観が広がりました。さらには、2年間の過酷なカリキュラムを耐えたこと、経営分野で共通認識とされる知識や考え方を学べたことにより、ビジネスパーソンとしての自信を一定レベルまで得ることができました。

ＨＢＳの他の学生もＭＢＡの価値についてほぼ同様の意見を持ちます。そして、誰もが一番に挙げる価値は友人関係です。だからこそ、HBSの学生は人脈作りに時間を惜しみません。

パーティーで見つかる創業メンバー

事実、HBSは別名「パーティースクール」と揶揄《やゆ》されるくらい、飲み会やパーティーのイベントが多いです。大きなパーティーでいえば、年に1回キャンパスのあるチャールズ川の畔《ほとり》から離れ、ニューイングランド地方郊外の大邸宅を借りて開かれるものがあります。男性はタキシードに蝶ネクタイ、女性はイブニングドレス姿、多くがカップル同伴で参加します。

他にも、ハロウィン、サンクスギビング、クリスマスといった行事ごとに学校全体のパーティーが開催されます。毎週のようにどこかのキャンパス周辺のバーや寮内で飲み会が行われ、誘われるイベントの数はかなりのものです。

誘われるイベント全てに顔を出していたら、それは大変です。学期中は、毎日最低10時間を超える自習が要求され、クラスへの出席、グループ学習なども入れれば、食事の時間が惜しまれるほど、時間が足りないのですから。特に、留学生は予習・復習に要する時間が余計かかるので、どうやって時間を捻出するかに日々頭を悩ませます。

なぜＨＢＳの学生は、そうまでして他の学生との交流に時間を使うのでしょうか。

それは、**人との時間に投資をすることを重要視しているからです。**

目の前の勉強や仕事に励むことも重要ですが、何よりも友人・知人と一緒に時間を共有すること。そして、その結果、人とのつながりが広がっていくことが重要であると認識しています。だからこそ、ＨＢＳの学生達は人との時間に最優先に投資をします。

日本でも会員数を伸ばしている会員制ファッションサイトであるギルト・グループの共同創業者2人は、ＨＢＳのクラスメートです。ＨＢＳでの2年間が、創業のきっかけを作っています。私の卒業年にもクラスメート3人で創業をし、事業を成長させている中国人クラスメートがいます。

私自身、卒業後にアメリカ、インド、中国、東南アジア、東欧、中東といった国・地域のクラスメートと仕事を共にする機会がありました。彼らは、必ずしも同じ授業を履修し、席を並べて学んだ仲間ではありません。放課後や課外活動で時間を共有した仲間です。

在校時には、このような仕事上の連携を具体的に想像していた訳ではありません。

多くの友人達と時間を共有した結果、仕事上でも広がりが生まれたに過ぎません。今振り返ってみれば、人とのつながりを大切にしていた結果と言えるでしょう。

3
学生一人ひとりの名前を覚えるハーバードの教授

ＨＢＳの人気教授Jan Rivkin博士。彼はＭＢＡプログラムの2年時選択科目の企業戦略論を長年担当しています。彼のクラスは狭き門で毎年何倍もの抽選の中から、運良く当たった学生だけが受講できます。

その人気教授 Rivkin 氏が昨年日本を訪れました。米国政府がスポンサーとなる、ある調査プロジェクトを任されており、日本市場および日本企業との関連性の中で来日したのです。私は卒業後7年を経て、Rivkin 教授の基調講演にもぐりこみました。

そして、講演後に彼のもとに挨拶に行った時です。

なんと、その時、Rivkin 氏から驚愕《きょうがく》の言葉が出てきました。

彼は、私のファストネームと当時のバックグランドを覚えていたのです。

自己評価では、Rivkin 教授のクラスにおいて、私はとりわけ抜きん出ていた学生ではありませんでした。2年時のコースということもあり、ほどほどに力を抜く術《すべ》を身につけていた自分は、授業に取り組む姿勢や意欲をみても、名前を記憶しておくほどの強い印象を与えた学生だったという感覚はありません。

にもかかわらず、毎年何千人もの卒業生と接してきた人気教授が、一人の日本人学生の名前を記憶しているというのは、どういうことなのでしょうか。

人間関係は名前を覚えることから

実は、HBSでは、教授は学生の一人ひとりの名前と顔、そしてバックグランドを覚えることに、大変な時間と労力を投入しています。


通常のクラスサイズは90人で、階段型のクラスルームの席には、必ず自分の名札を置いて授業に臨みます。教授は、毎回その名札を見て学生を指せばいい話なのですが、ベテランの実力派教授であればあるほど、名札を見ずに学生を当てるのです。

その陰には多大な努力と、ちょっとしたコツがあります。

これから当てようとする学生の名札をチラ見し、自分のおぼろげな記憶とマッチさせたあと、何気なく逆側の学生達に目をやり、ワンテンポをおいてから、元の学生の顔を見て、名札を見ずに名前を呼ぶのです。その時は自分の記憶の迷いを払いのけ、自信満々にその学生の名前を発するのです。

なぜ、これだけの努力をしてまで教授は学生の名前を覚えようとするのでしょうか？

あるいは、覚えている振りをするのでしょうか？　それは、教授と学生という師弟関係にあろうとなかろうと、名前をファストネームで呼び合うことが、人間関係の根底にあるという根強い考え方があります。

事実、久々に会った知り合いが、あるいは、会ったばかりの相手が、自分の名前を親しげに呼んでくれたら、悪い気はしないでしょう。むしろ、相手に対して、うっすらと好意を抱くのではないでしょうか。

相手は、きっと自分に興味を持ってくれているか、好意を持ってくれている。あるいは、自分は相手に対して、印象深い「何か」を持っているのかもしれない。いろんな理由が頭をよぎるでしょう。そして、相手が自分の名前を覚えてくれているのなら、自分も相手の名前を覚えようという気持ちが湧きあがります。

結局、自分が先に相手の名前を覚えるか、相手が自分の名前を先に覚えるかのどちらかです。もし、自分を相手の記憶に残したいと思うのであれば、まずは自分が相手のことを記憶に留めることが大事ということです。

HBSの教授に限らず、できるビジネスパーソンは、人の名前を覚えるのが得意です。

そして、そういう人に限って、他人から尊敬される実績を有していることが多いのです。尊敬される人でありながら、自分の名前を覚えてくれるのだ、と私が人気教授に抱いたような感激、期待値超えによって、その人への評価はさらに高まります。結果、その人の人脈は広がっていきます。こんなオマケを期待して、他人に関心を持つのは、やましい気もしますが、結果的にお互いの距離が縮まるのであれば、win-winといえます。

さらなるオマケもあります。それは、名前を瞬間的に覚えてしまう人は、知的に見えます。記憶力やインテリジェンスがある、という印象を与えます。

実は、人間の脳みその引き出しには大きな差はなく、何を優先的に引き出しにしまうかどうかだ、というのが私の個人的な意見です。その場合は、人の名前は優先順位の一番上に持ってくるべきだと考えます。

相手の名前を覚える3つのコツをご紹介します。

①　口に出す

自己紹介時に相手の名前を口に出して、自分の口と耳で必ず確認する。

② 名前を呼んで質問する

自己紹介が終わった後に、間髪をいれずに相手に質問をする。その際に、必ず相手の名前を呼び掛けながら質問をする。例えば、「ところで、○○さんは、どちらのご出身ですか？」という具合に。

③ 別れの際にも名前を言う

ひとしきりの会話が終わり、その場を立ち去る際に最後に一言。必ず、相手の名前を呼びながら挨拶をする。「それでは、○○さん、本日はありがとうございました。次回お会いできるのを楽しみにしていますね」。

初対面時に最低3回は相手の名前を声に出す機会があるので、記憶に残りやすくなります。仮に名前の読み方を間違えてしまっても、最初の3回までは許してもらえます。初対面の人に会ったら、そのタイミングで3回敢《あ》えて相手の名前を口に出す。これが、人脈作りの鍵です。

4 相手への興味を真摯に持ち、質問する

人との距離は、お互いが相手を良く知ることで深まります。初めて会った人の名前を覚えたら、次にやるべきことは、お互いがお互いをもっと知る努力をすることです。そして、まずは、あなたが相手について知る努力をしましょう。そのためには、相手に興味を持つことがスタートです。

HBSは、1学年が900人にも上る大所帯です。その900人がセクションと呼ばれる10グループのホームルームクラスに分かれ、1年間の必修科目を一緒に学びます。結果、90人のセクションメートの距離は縮まり、HBSの人的つながりの基礎となります。

一方で、セクションメート以外の同級生と出会う機会は、その後2年間を通じて継続してあります。授業の合間の学食で出会ったり、スタディグループと呼ばれる自発的な勉強会グループに属したり、文化系・運動系の様々なクラブで一緒に活動したり。

寮のルームメートの主催するホームパーティーも頻繁にあります。結果、ＨＢＳでは初対面の人と挨拶を交わし、自己紹介をして、新たな友人を作るチャンスが、常にあります。学期の当初は、一日に自己紹介をする回数が何十回という日もあります。数多くのクラスメートと出会い、その後も継続的な関係に発展させるには、それなりの努力を要します。自己紹介をし、相手の名前を覚え、次にどんな会話に移って行くべきでしょうか。

ありきたりだけど、関係が深まる質問

それは、相手に興味を持つことです。その結果、会話が促進され、人間関係が深まります。その時に役立つテーマは、出身地とバックグランドに関する情報です。相手は、どこの国・都市出身なのか？　ＨＢＳ学生の出身地は、多様です。

"Where are you from?"（どこから来たの？）"

という質問は、ありきたりのようで王道の質問です。そこから、その街はどんなところなのか。どんな食べ物が美味《おい》しいのか。旅行で訪れた場合は、どこを見て回るのが良いか。そして、相手の仕事についても詳しく聞いてみます。どうやって勉強をし

てスキルを身に着けたのか。何が仕事で楽しい部分か。

人は、自分に関心を持ってくれる人には、自然と好意を抱くものです。

気付けば、自分のことばかり話をしてしまうものです。理由は、相手が関心を示し、熱心に質問してきたから。最初は、自分のことを話すことに抵抗を感じるかもしれませんが、こちらが真剣に興味を持って質問をすれば、相手は心を開いてくれます。

重要なことは、まず自分から本気で相手に関心を持つことです。表面的な興味ではなく、その出会いから何かを学ぶ、新しいことを吸収する、こういった探究心や好奇心から生まれる質問は相手にも必ず伝わります。

そして、真剣に自分に関心を持ってくれ、自分を知ろうとする相手に対しては、次に、自分も相手に質問してみたい、と思うものです。

結果、2人の間で共通点が見出《みいだ》され、次の約束に発展するかもしれません。相違点については、お互いを高めあう補完関係になります。この人とおつきあいしたら自分が高まるな、と思えるようになれば、自然と距離が狭まります。

5

相手との時間を印象的に共有する

なぜ、学生時代の友人とは、親しい関係に発展するのでしょうか。

なぜ、昔からのつきあいは、「距離が近い」と感じるのでしょうか。

その答えは、単純です。利害を越えて、多くの時間を共有してきたからです。

それならば、社会人同士のつきあいも、相手との距離を縮めたければ、時間を共有すれば良いのです。そして、その時に重要なことは、目の前の関係から敢えて離れ、場所を変え、日時を変え、時間を共有することです。

HBSのキャンパス内では、同じ授業を一緒に受けることのなかった、あるいは、課外活動で一緒になる機会が少なかった同級生でも、卒業後に仲良くなる例がありま す。彼らが日本を訪れた際に、日本で再会すると親近感が湧き、その後の距離が縮まったと感じたりします。

そして、わざわざ日本に来て連絡をくれた相手に対しては、また再会したいと感じるものです。数年後には家族を連れて相手の国に遊びに行くよ、と約束をしたとします。こういう約束を果たせると、お互いの距離はさらに縮まります。

在学中に、私は夫婦でブラジルを訪れました。その時に、リオ・デ・ジャネイロの美しいビーチや街を案内し、購入したての高層マンションの一室に泊まらせてくれたクラスメートがいます。

彼らは卒業後に日本を訪れてくれました。そして、私たち夫婦は、実家の両親達や家族に紹介をし、楽しい時間を共有しました。以来、地球の反対側に住む間柄であっても、どこかいつもつながっている気がしています。

敢えて変わった再会を心がける

時間を共有する際に注意することは、会う場所や環境を敢えて変えることです。ランチの場で出会った相手とは、次回はディナーを一緒にする。飲み会で出会った相手とは、明るい時間帯にランチをする、あるいはコーヒーを飲む。

仕事場で出会った人とは、仕事と離れた場所で会う。スーツ姿で名刺交換をした相手とは、敢えてカジュアルウェアで再会する。あるいは、前回は大人数で会ったのであれば、次回は2人で会ってみる。2人で会った相手であれば、次の場では家族や友人を紹介する。

効果があるのは、できるだけ前回と異なる環境下で時間を共有することです。

異なる環境で時間を共有することがなぜ大切なのか。それは、共有した時間と空間の記憶が楽しい思い出となって、お互いの間で積み上がっていくからです。そして、それがお互いの距離を縮めてくれます。

私のマッキンゼー時代の上司は、頻繁に自宅のマンションでホームパーティーを開き、プロジェクトメンバーを招待してくれました。私も、妻を連れて何度か参加させてもらいました。

家族同士が顔を合わせ、日頃オフィスで目にする同僚とは異なる姿を目にしました。意外と良いパパぶりを発揮している上司、可愛い娘さんの前ではデレデレする同僚、優しい旦那さんを持つ女性の後輩など。

こういった経験が週明けからのプロジェクトにおいて、仲間意識を高めてくれました。さらには数年後、お互い会社が変わり、再会する機会があった際には、まるで同志・戦友に再会したような気持ちが湧きおこりました。

その時のプロジェクトメンバーは、今でも再会すると他の同僚と比べても、より近い間柄という印象を持ちます。

他にも、私自身、社会人になってから出会い、時間を共にして楽しい思い出を共有することで、まるで学生時代からの友人のような関係になった人は多くいます。週末に家族ぐるみでバーベキューにいった楽しい思い出。一緒に小旅行にいった経験。敢えて遠出して美味しいものを食べた時間。こういった思い出が、お互いの距離を縮めてくれました。

いつも同じ場で、同じメンバーで、同じような時間帯に再会しても、新たな発見がありません。さらには、せっかく共有した時間もあまり積み上がっていきません。社会人になって出会った人と距離を縮めたければ、敢えて、違った環境で時間を共有するように心掛けましょう。

6 先輩・上司との飲み会を避けない

社内の同僚・先輩・上司との飲み会に積極的に参加すべきかどうかについて、いろんな意見があります。個人的には、飲みニケーションは大事と考えています。その理由は、先輩や上司と時間を過ごす貴重な機会だからです。先輩や上司は、自分の目線を高めてくれる絶好のメンターです。積極的に後ろを追いかけ、アドバイスをもらうべきです。目線が高まれば、自分の成長速度は早まります。

自分が後輩や部下と接する時の気持ちを考えてみると良いでしょう。自分が可愛がっている後輩や部下がいれば、何か仕事で気づいたことは、都度フィードバックしてあげようと思います。自分の経験をもとに、価値あるアドバイスをするでしょう。

それでは、先輩・上司と、フィードバックをもらえる関係を築くにはどのようにすれば良いでしょうか。**それは、まず自分が先輩や上司を慕うことです。**逆のケースを考えてみれば良いでしょう。後輩や部下が自分を慕ってくれるようであれば、自分も可愛がろうとします。

私がゴールドマンに入社してからの3年程は、日々の仕事に追われ、同期と過ごす時間はあまりとれませんでした。最初の半年間は、そのことが少々窮屈に感じたりもしました。特に、私の所属した部門では同期が少なかったために、年齢も経験も数段上の先輩や上司と過ごしている時間が圧倒的でした。しかし、それが先輩や上司に追い付きたい、追い越したい、そういう気持ちの原動力になりました。

なぜ、上司はこんなに仕事ができるのだろう。一緒にいながら、観察する習慣がつきました。常に自分の目線を高いところに置く。そして、建設的なフィードバックをもらえる関係を築く。上司や先輩と積極的につきあうことで大きなメリットがあります。

ゴールドマン時代、マッキンゼー時代に、クライアントとの打ち合わせの帰りに、プロジェクトチームで食事に立ち寄ることがありました。時にはお酒も入りました。食事やお酒の席では、普段できない話題に及ぶものです。**そして、こういった場こそが貴重なフィードバックをもらうチャンスでもあります。**

上司からのフィードバックで私自身忘れられない一言があります。ゴールドマン入社1年目の冬のことです。クライアントとのミーティングの帰り路《みち》に、食事に立ち寄った時でした。お酒を飲みながら、上司から突然ポジティブなフィードバックが飛んできたのです。

「戸塚はこのプロジェクトで仕事ができるようになったな」

普段オフィスでは強面《こわもて》のスーパー上司から言われた一言です。まさか、そんな褒め言葉をもらえるとは想像もしていない時のことでした。

その一言に励まされて、私は自信を持つことができました。そして、仕事が楽しいと感じる循環が生まれました。大学を卒業したての自分にとって、社会の厳しさを痛感し、全く自信を持てない時期でした。その時の上司の一言が社会人としての自分の基礎を作ってくれたと思います。

今振り返ってみても、褒めてもらえる程の仕事はできていなかったと思います。おそらく、自信なさげに仕事をしている私の姿を見ていた上司が、何らかのきっかけを与えようと配慮してくれた一言なのだと私は理解しています。

大切なことは、悩んでいる姿を見た上司が私にフィードバックを与えてくれる場は、オフィスの中ではなかったということです。

実は、オフィスにおいて仕事をしている間というのは、意外とコミュニケーションをしている時間は少ないものです。PCに向かっていたり、資料を作っていたり、電話をしていたり。たまにコミュニケーションをとっても、実務的なことばかり。むしろ、限られた時間の中で無駄話は避けるべきですし、そもそも仕事のできる人は実務的なコミュニケーションが多いはずです。同じオフィスで過ごしていながら、実質的なコミュニケーションは十分しきれていないのです。だからこそ、オフィスを出てコミュニケーションをする機会は貴重と考えます。

まずは、オフィスの外に出て、お互いに貴重な時間の一部を共有すること。これにより、お互いの信頼関係は強まります。次に、オフィス内では言いにくい話を言い合えます。お酒の力を借りることもあるでしょう。仕事場で、公然と上司にフィードバックをすることははばかられても、お酒を飲みながらであれば言える部分もあります。逆に、本音ベースで助言をもらうこともできるでしょう。さらには、普段知らなかった上司の素の一面を垣間見《かいまみ》たりすることで、お互いをもっと知ることもできます。ゴールドマン、マッキンゼーにおいても、飲みニケーションはとっても重要な同僚・先輩・上司との交流の機会でした。そこで得た貴重なアドバイスは今でも私の財産になっています。

7

どんなに多忙でも、週1回仕事と関係ない人に会う

週1回は、必ず社外の友人・知人と情報交換することは、視野と人脈を広げる目的で、とても効果的です。

自分の興味と異なる関心を持っている人、異なる環境で育った人、別の業界で働く人、年齢やバックグランドの違いから生まれる異なる価値観を持った人と積極的に話をしてみるべきです。

そこから思わぬ発見があったり、新たな目標を見出したり、想像もしなかった縁に発展することもあります。こんな仕事があったのだ、こんなビジネスがあったのだ、こんな価値の生み出し方もあったのだ、とキャリアにおいても成長する機会が開けます。

HBSへの留学経験で最も価値があったことは、多様なバックグランドと、そこから生まれる異なる価値観、考え方を持ったクラスメートと出会い、かつ幅広い意見交

換をしたことです。そして結果的に、その時間の共有が、世界中の人脈となりました。

留学中、私は定期的にクラスメートとランチや食事をするよう心がけました。友人やクラスメートと食事を共にすることは楽しいことですが、毎日予習・復習に追われる中で、敢えて時間を確保する意識がなければ、持続できません。事実、私の留学1年目は、授業の課題に追われ、十分にクラスメートとの交流に時間を使えなかった反省がありました。そして2年目になり、意識を高めるようにしました。

社外ネットワークを機能させる3つのコツ

マッキンゼーのコンサルタントは、忙しい日々の中で社外交流に意識的に取り組む人が多いです。それは、様々な業界の知識や情報が自分のコンサルタントとしての仕事に必須だからです。

さらには、コンサルタントを卒業し、次のキャリア目標を設定するためにも、様々な情報、意見交換が役に立つからです。事実、私も独立起業するまでの間、自分の知らない業界の人達と、友人・知人を介して会いに行き、価値ある情報や助言をもらいました。

社外ネットワーキングを効果的にするためにはコツが3つあります。

① 1週間に最低1回の時間を確保する

どんなに忙しくても、必ず定期的に時間を確保することです。目の前の仕事が忙しくなると、ついつい没頭しがちです。気づけば何ヵ月も、自分を鎖国し、視野が狭まるリスクがあります。

仕事以外に、新しく出会った人の名刺が増えないな、と感じたら危険信号です。1週間に1回と設定すれば、必ず1ヵ月に最低4~5枚の名刺は増えるはずです。

② 信頼する友人・知人を介して人に会う

世の中には、交流会と評するイベントや集まりは山ほどあります。こういったイベントにあまり参加したことがない方は、まずはいくつかの交流会に顔を出してみてください。自分にとって、プラスになるものと、そうでないものは、何回か出ていれば必ずわかります。信頼する友人・知人からの紹介であれば、実のある関係になる可能性は高いです。

③ ピンときたら即会う

1週間に1回と頻度を決めていたとしても、縁は突然やってくるものです。誰かと出会った時にピンときたら、翌週にでも再会する約束を取り付けるべきです。友人から紹介の話が来た時も、直感的に興味を引くことがあれば、迷わず会うべきです。

一度外に出てみれば、社外の人とのつきあいがいかに建設的なことかわかります。しかし、日々の仕事に追われるあまり、つい後回しにしがちです。敢えて、時間を確保すること。そして、信頼する人を介し、自分の直感に従うこと。是非、積極的に外に出かけてみてください。

Chapter1 Summary

★ 利害関係を越えた何かのつながりを信じることで、結果として人間関係は発展する

★ ＨＢＳの学生は、人との時間に投資をすることを重要視している

★ 自己紹介時には、相手の名前を口に出して自分の口と耳で必ず確認する

★ 初対面の相手には、誠意と興味を持って「出身地はどこですか？」

★ 先輩や上司を慕うことで役に立つフィードバックがもらえる

★ 全く仕事に関係ない人だからこそ、ピンときたら即会う

Column ❶ 外国人との挨拶で気をつけたい「握手の質」

笑顔を絶やさず「Nice to meet you」を繰り返し、差し出された大量の名刺を大きな左の掌《てのひら》で不器用に持つ長身の白人男性。彼の前には、名刺交換の順番を待つビジネスパーソンが列をなしていました。

私は、彼がその行列を一瞥《いちべつ》し、密《ひそ》かに戸惑いの表情を浮かべた瞬間を見逃しませんでした。そして、その光景は今でも私の脳裏にはっきりと記憶されています。

彼は、私が大学を卒業し、ゴールドマン入社後初めてアサインされた国際買収案件のアドバイザリープロジェクトにおいて、アドバイザー側責任者を務めていた敏腕インベストメント・バンカーです。残念ながら、この案件は約3ヵ月後に買い手・売り手側の条件が折り合わず、破談になりました。

我々のクライアントは、日本を代表する国際優良企業。この場は、クライアント側とアドバイザーを務める米系投資銀行の合同プロジェクトチーム同士のキックオフ・ミーティングでした。場所は、東京駅からほど近いビジネス街の中心地に位置するクライアント企業の本社会議室。

ビジネスにしろ、プライベートの場にしろ、第一印象の大切さは疑いようがありません。第一印象は、言葉の通り、初めて会った瞬間に生まれる相手に対する印象を意味します。それでは、外国人とのビジネスの場において、自分の印象を相手にポジティブに与えるには、どのような方法が効果的でしょうか？

日本人ビジネスパーソン同士の初対面では、まず名刺交換を行い、丁寧なお辞儀をし、席に着き、名刺を席順に沿ってテーブルに置く。厳粛な空気が場を包み、上席者がおもむろに言葉を発してから徐々に会話が和み、お茶が運ばれ、本題に移っていく。名刺交換では相手に対して礼をつくし、謙虚に目線を落とし、両手で丁寧に自分の名刺を先に差し出す。目下の者が先に名刺を差し出し、決して片手で相手の名刺を受け取らない。

一方で米国人の例を挙げれば、初対面の場ではいかに自分がパートナーとして頼もしく、かつ力のあるビジネスパーソンであり、また一個人としてフレンドリーな人物であるという印象を与えるか、が重要になります。名刺交換は、あくまで後日相手に連絡を取る際の連絡先を交換するという目的が強く、名刺交換自体に儀式的な意味合いはありません。まずは外国人ビジネスパーソンとの挨拶の場では、名刺交換にエネルギーを注ぐ発想から解き放たれることが重要です。

そして相手に対して、自分の好印象を植え付けること。そのために最も重要な秘《ひ》訣《けつ》は何か？　それはズバリ、「握手の質」です。

相手の目をまっすぐ見て、笑顔を浮かべ、自ら手を差し出して、しっかりと力強く2秒間相手の掌を握りしめる。同時に自分のファストネームを明瞭に伝えること。相手が聞き取れたかどうかを確認しながら、もし相手が聞き取りにくいようであれば、スペルを補足すること。私の場合であれば、

「Hi, I am Taka, T, A, K, A, Taka」

とゆっくり発します。この際に重要なもう1つのポイントは、相手の名前を必ず聞き逃さず頭に叩《たた》き込み、相手のファストネームを声に出して確認することです。

ここで握手の「質」と表現する理由は、日本人同士のさらっとした握手とは大きく異なるからです。力強く、しっかりと、握りしめること。なよなよとした草食系握手は、間違いなく良い印象を与えません。女性の場合は、優しい握手の中にも芯の強さを示すように、やはり2秒間しっかりと握手をすることが望ましいです。

名刺交換は、握手が終わり、お互いの自己紹介が済んだ後に、片手でさらっと相

手に渡す。名刺の向きや両手・片手を気にする必要はありません。また、腰から30度のお辞儀をする必要もありません。

日本流の名刺交換に従い、目線を下げ、謙虚に名刺を差し出すことで相手に誤解を与える可能性があります。相手の目を直視しない挨拶により、自信の欠如した人物という印象を与えかねません。握手なしの自己紹介はどこかよそよそしく、お互いの間に壁を作りかねません。

そして何より、相手には自分の顔と名前を覚えてもらえず、自分も相手の名前と顔を記憶に留めることができません。手元で器用にビジネスカードを交換することに集中しすぎて、結果的に手元には社名と肩書の書かれた名刺しか残りません。席に座ってから相手の顔と名刺を一致させようと努力するのは、外国人にはどこか滑稽にすら映ります。

握手に成功しさえすれば、自然と会話が始まり、くだけたフレンドリーな雰囲気の中で、本題にスムーズに移れます。その後は複数の出席者のいる会議の席上でも、相手はあなたの目を見て話をすることになるでしょう。

Chapter

2

自分の内面と外見を磨く

8
エレベーターで他人を先に降ろす余裕を持つ

心に余裕があると、行動にも余裕が生まれます。

行動に余裕があれば、心にも余裕が生み出されます。

これは、ポジティブ思考が良い結果を生み出し、良い結果がさらにポジティブ思考を生み出すサイクルに似ています。まずは心の持ち方や思考を変え、行動を変えていく。鶏が先か、卵が先かの議論では、まずできることから取り組んでみることです。動き出せば、あとは好循環が生まれるものです。

私は、心に余裕を持つ意識を保ち続けるために、日頃「アフターユー」を大事にしています。単純に言えば、ドアを開けて建物に入る時、狭い通路を歩く時、なるべく相手に道を譲る、という心がけです。

相手に譲る気持ちは、相手に必ず通じます。譲られた相手は、こちらに感謝をしてくれます。そして次に、相手は自分に対してお返しに、道を譲ってくれる。お互いが相手を思う気持ちは必ず伝播《でんぱ》していくため、人間関係も良好なサイクルに入ります。

ハーバードの「アフターユー」精神

ゴールドマン時代、忘れられない小さな出来事がありました。

ニューヨークの研修に参加している時のことです。世界中から集まった新人同期が一堂に会し、1ヵ月間タフなトレーニングを受けました。会社主催の懇親パーティーがあった夜のことでした。一緒に出席した同期と共に、ホテルに帰りました。立食パーティーで少々立ち疲れし、お酒もまわっていた我々がエレベーターに乗り込んだときのことです。

私と同期の部屋は別の階でした。無意識に2人は、相手の降りる階のボタンを同時に押し合いました。私は同期の降りる7階を、同期は私の降りる13階を押しました。お互いが相手を優先しようとする無意識の行動が何とも嬉《うれ》しく感じました。そして、譲り合うとはいいものだと改めて実感しました。

ハーバードの学生も、皆びっくりするほどアフターユーが板についています。見事なまでに自然体で相手に先を譲ります。

ブッフェ形式の食堂でパンやスープを盛り付ける時、寮の扉をあける時、クラスルームの席から出入りする時、売店でレジに並ぶ時、駐車場に続くエレベーターですれ違う時。それは、男性が女性に対してのみ譲るレディーファーストの時だけではありません。女性同士、男性同士、異性間においても頻繁に見られます。

ハーバードの学生にアフターユーの精神が徹底されているのは、幼少の頃から譲り合いの精神を教え込まれているからです。競争意識の激しいアメリカ社会だからこそ、競争に一定のルールが設けられているのだと、私は解釈しています。

民族、人種、出身地、母国語などが様々な社会においては、同一民族間の暗黙の常識というものがありません。だからこそ、明白なわかりやすいルールが生まれます。日本人には、最初は暗黙のルールに思えるアフターユーの精神も、実は、アメリカのエリート社会では明白化しているのです。

譲り合いで一つ気をつけたいことがあります。アフターユーは、男性・女性の区別なく、実践することです。もし、男性と女性が譲り合うようなことがあった場合にどうするか。それはもちろん、男性が女性に譲るべきです。女性も、そこは素直に譲られる方がスマートですね。

9

「すみません」よりも「ありがとう」を伝える

人に素直に「ありがとう」と言える人を見ると素敵だな、と感じます。感謝の気持ちを自然体で表すためには、常に人に対して公平で、人の好意をオープンに受け入れる気持ちがなければできないと思うからです。

そのためか感謝を表現できる人には、どこか秘めた自信が感じられます。一方で、いつも謝罪ばかりしている人を見ると、悲しい気持ちになります。どことなく卑屈な印象を受け、自信のなさが感じられるからです。

「すみません」の内訳

「すみません」はとても便利な言葉ですが、私はなるべく使わないようにしています。

「すみません」には、「ありがとう」という感謝の意味と「ごめんなさい」という謝罪の意味の両方があります。どちらともいえない、あるいはどちらも含んでいる、そのニュアンスが、「すみません」の便利なところです。

一方で、不便なところは、感謝の気持ちを述べるには、不十分で伝わりきりません。また、謝罪の気持ちを伝えたくても、その中途半端さから、心からの謝罪に聞こえないこともあります。

私は、「すみません」という言葉が口から出てきそうな時には、一瞬だけ間をおくようにしています。そして、感謝を述べるのであれば、「ありがとうございます」を選ぶようにします。逆に、謝罪を述べる時は、「申し訳ありません」と丁寧に伝えるようにしています。

「申し訳ありません」は、英語で言えば“I'm sorry”です。英語にすると、軽々しく謝ってばかりいる姿は変に感じますね。謝る度に、自分の言動を改めようという気が湧いてきます。

感覚的には、我々が日頃口にする「すみません」のうち、8割～9割は感謝が占め、謝罪の意味合いは2割に満たないように思います。

「サンキューが9割」を心がける

ハーバードの学生は、「ありがとう」を頻繁に口にします。“Thank you”や“Thanks”。時には、“I appreciate it”と丁寧な表現も口にします。

一方で、“Excuse me”“I'm sorry”は、本当に謝罪が必要な時だけです。アメリカ人は、なかなか謝罪を口にしないと言われますが、ハーバードの学生は皆、謝るべき時には素直に謝ります。素直に謝れることも自信の表れなのでしょう。

日本語では「ありがとう」と口にするのは、照れ臭いこともあります。それでも、自然体で「ありがとう」と言いたいものです。

自分も、常にそうできているわけではありません。**サンキューが9割に対して、エクスキューズミーが1割。9対1のルールを心がけています。**是非、皆さんも試してみてください。

10 正解のない問題を考えるクセをつける

世の中の現実課題には、正解があるとは限りません。むしろ、ほとんどの課題には正しい答えはないと言えるでしょう。自ら課題を設定し、論理的に考え、結論を導き出す姿勢が大事です。実は、当たり前のようで、実践するのは難しいことです。

なぜかといえば、日本の受験制度においては常に正答のある試験が課され、試験結果で進学の合否が決められてきたからです。

日頃からビジネスパーソンとして、現実の様々な事象に対して自分なりに課題設定し、解を見出《みいだ》す努力をすることが重要です。訓練方法は、新聞を読む、読書をする際に自分なりに考える、ことです。この点は、後で述べます。

私自身、都内の中高一貫校から大学受験をしました。まさに国内の受験システムのもとで育ってきました。中高時代は、ユニークな校風のもとで自主的に考え取り組ませてくれる環境ではありました。しかし、大学受験では効率的に正答を導き出す能力を試されることから、自《おの》ずと私の思考も正答を求めるものとなりました。

HBSに留学した当初は、「正解のない問い」に戸惑うことがありました。HBSは、まさに正解のない現実世界の課題をどう解くか、自ら課題を設定し、それぞれの論理を構築し解を導き出す訓練を、これでもかとやらせる教育機関だからです。

「正しい答え」を教えないハーバードの教授

HBSは、ケースメソッドに特化したMBAプログラムとして、「世界に変化をもたらすリーダーを育てる」ことを目的としています。そのための効果的な学習方法として、ケースメソッドを最重要視しています。

HBSでは、全ての授業で企業、国、自治体、その他の組織や個人の現実課題を取り上げ、ケーススタディとしてディスカッションをします。学生は、事前にケーススタディ教材を予習し、クラス議論に自分なりの分析、考え、結論を用意して臨みます。

教授は、「正しい答え」を一方的に教えません。あくまでオーケストラの指揮者のように、学生間の議論のファシリテートに徹し、学生自らの気づきから議論を導いていくのです。

余談ですが、このHBSケース教材が優れものです。テーマは、ある実在企業の商品戦略、組織改革、マーケティングプラン、国家レベルの発展戦略など、多岐にわたります。経営者・意思決定者に必要な最低限の情報がコンパクトにまとまっています。物語調に書かれたケース文には、随所に、課題設定のヒントとなるデータや叙述が含まれます。学生がケース教材を読み込むことで、自ら課題を設定し、解を考え、アクションプランに落とすために必要な情報が、15～30ページほどの英文教材にぎっしり詰まっています。

HBSの教授陣は、一冊のケーススタディ教材の作成に、何年ものリサーチと議論を重ねます。実は一つのケース教材は、分析と結論のバックアップ情報を追加し、化粧をすれば一冊の経営学書として成立します。一つひとつのケーススタディは奥が深いのです。

「正解のない問い」は世の中にたくさん転がっています。日頃から、自ら、世の中の現実課題に目をやり、自分なりの解を見出す努力をすることが、ビジネスパーソンとして成果を出すには重要です。

「正解のない問い」に対する訓練方法は、日頃から読書や新聞を読む際に実践できます。具体的な訓練方法については、後述します。

11
読んだら3倍考える、マッキンゼー流読書術

インターネットやスマートフォンのおかげで、以前に比べて、情報収集は、信じられないほど容易になりました。逆に言えば、情報（インプット）そのものでは差をつけにくく、その情報からいかに自分なりの意見を持ち、さらには意味合いを導き出せるか（アウトプット）こそ、価値の源泉になりつつあります。

どのようにして、自分の意見や独自の考えを構築すればよいのでしょうか。

まずは、読書なり、新聞なりを読んだ際に、読んだ時間以上に考える意識をつけることが効果的です。元マッキンゼー日本支社長の大前研一さんは、「読んだ時間の3倍考えなさい」と言っています。**一冊の本を一気に読み進めた時に2時間かかるとすれば、その3倍の6時間考えることです。**私も、日頃から「読んだら3倍考える」を実践しています。

多くの人が、「読んだら考える」を無意識のうちに、ある程度実践しています。1

章読むごとに、あるいは1段落読むごとにページをめくる手をとめ、読んだ内容を頭の中で整理することが一つです。

その結果、一冊の本を読み終えるのに4時間かかったとします。もし1対3の法則を無意識に実践しているとすれば、一気に読み終えれば1時間で読み終える（インプットしている）計算になります。

このプロセスを、より意識的にやることが効果的です。情報収集に限れば、速読力は役に立つ能力です。しかし、「正解のない問い」に取り組む脳みそを鍛える目的であれば、意識的に「読んだら3倍考える」を実践する方が良いです。

HBSのケーススタディも実は「読んだら考える」を実践させています。HBSの課題となるケーススタディは、読書量だけで言えば、さほどの量ではありません。しかし、読んだあとに、あるいは読みながら考えさせることに教育の主眼が置かれています。

1対3の法則を実践する際には、まず、章ごとに手を止めてみることです。章ごとに要旨を書き出してみます。そして、本を全部読み終えると章ごとの要旨が残ります。次に章の要旨を部類分けし、論理構成を整理してみる。さらに、主要メッセージを引き出す。最後に、自分なりの意味合いを引き出してみます。

重要なことは、いきなり本全体の主要メッセージに飛ばないことです。

まずは、章ごとに要旨をまとめ、メッセージを集約するプロセスが訓練には良いです。そして、最後に必ず、自分にとっての意味合いを引き出すことを忘れずにやりましょう。

12 新聞は「世間の反応」を考えながら読む

ゴールドマンに勤めて養われたスキルの一つに「マーケット感覚」があります。

簡単に言えば、マーケットとは需要と供給で価格が決まるということです。買い手と売り手の将来に対する期待に応じて売買価格と売買量が決まります。

マーケットとはまるで生き物のように、瞬間、瞬間で変化していくものです。実物経済のマーケットも金融マーケットと同じです。消費者と供給者間の将来期待に応じて取引価格と取引量が決まります。

買い手と売り手、消費者と供給者の期待が変化する要因は情報と心理です。日々アップデートされる情報に人々は敏感に反応し、金融マーケット、実物マーケットともに、刻々と変化していきます。その意味で情報をいかに効率的に入手するか、ということは、ビジネスパーソンとして決定的に重要と言えます。

ところで、果たして主要新聞が取り上げる情報は、どれだけ貴重なのでしょうか。

これだけ情報が溢《あふ》れる社会において、新聞やテレビのニュースは最も容易な情報収集手段です。逆に言えば、テレビのニュースや主要紙で取り上げられる情報は、知っていて当たり前、知らなければ決定的にハンデとなる情報です。

より重要なことは、ニュースや新聞で取り上げられた情報に、世の中がどう反応するか、を見極めることです。世の中の動きに対して自分なりの意見を持つことではじめて、情報を活用し、差別化できます。ニュースは聞きっぱなし、新聞は読みっぱなしにせずに、新たな情報を題材に自分の考えを構築する源となりえます。

私は、新聞を読む際に3つの点に気をつけています。

① 読んだら、その情報に人々がどう反応するか考える

知っていて当たり前の情報を知る理由は何か。それは、その情報によって、マーケットがどう動くかを予測できることにあります。

「アップルが次のiPhoneの発売時期を延期する」と発表したら、アップルの競合企業はどう動くでしょうか。アップルへの部品供給メーカーである日本企業の業績はどう影響を受けるのでしょうか。結果、景気はどの程度悪くなるのでしょうか。そして、自分の仕事や中期的なキャリアには、どうインパクトがあるのでしょうか。

一つひとつのニュースに対して、世の中がどう動くだろうか、と日々思考を巡らし、自分なりの解を探す努力が、自分の考えを形成する訓練になります。

② できるだけ紙で読み、各ニュースの取り上げ方に気を配る

ニュースは、「news」と書き、文字通り新たな情報（群）を意味します。そのニュースがどの程度重要なものなのか、新聞社なりに重要度を判断しています。最も重要度の高いニュースは一面に取り上げられるし、優先度の低いニュースは小さく記載される。

あるニュースがどのような取り上げられ方をされているかが、非常に重要なポイントです。なぜならば、世の中がニュースにどう反応するかに影響するからです。紙で新聞を読む理由は、この取り上げ方を把握することにあります。

もうひとつ紙面で読む理由があります。それは自分の興味の湧かない、あるいは専門外のニュースも視覚的に捉えられることにあります。

新聞のオンライン版は効率的に自分の探す情報にアクセスできますが、ニュースを網羅的かつ体系的に把握するには相応《ふさわ》しいメディアとは言えません。常に、

自分の専門分野にプラスアルファの情報を収集していくことで、自然と自分の領域が広がっていきます。

③ 最低2紙に目を通す

ニュースの取り上げ方は、当然新聞社によって異なります。一つの新聞にだけ目を通していても、世の中の動きは予測できません。

複数の紙面を比較し、なぜ一つのニュースがある紙面では一面に載り、他の新聞では小さく取り上げられたのか。この点を考えてみることでニュースの背景を良く知ることができます。そして、自分の考えもよりユニークで骨太になっていきます。

私は、日頃から国内紙を2紙購読しています。1紙をメインの情報源とし、必ず朝の出社前に20分程度をかけて目を通します。もう1紙はざっと紙面をめくり、主にメイン紙との違いに目をやるようにしています。

サブメイン紙に気になる記事があれば、週末にまとめて目を通します。さらには、海外の英字新聞を1紙オンラインで有料購読しています。そして、もう1紙海外の新聞のサイトを開き、無料アクセスベースで見出し記事をダブルチェックしています。海外の主要英字新聞の見出しを見て、国内主要紙の見出しとの差を確認します。世界の主要ニュースの取り上げ方のギャップを意識することは、今後さらに重要性を増すと考えられます。

13
斬新な「思いつき」よりも、骨太な「意見」を重視する

結論から述べ、理由を3つ挙げてみたとします。この時に、自分の結論が弱いな、と思うことはありませんか。実は、論理力とコンテンツ力は比例関係にあります。コンテンツ力とは、この場合、結論メッセージのことです。

結論が弱いのは、伝えたい自分の考えや意見に力がないということです。**自分なりの骨太の意見を持つためには、それを支える論理力が不可欠です。**実は、論理展開力を磨いていくと、メッセージの中身（つまりコンテンツ）自体が研ぎ澄まされていきます。

論理展開力とは、結論を効果的に伝えるためのテクニックではありません。とかく、論理思考というと、俗に言う「ピラミッドストラクチャー」のもとで、メッセージを体系的に整理し、因果関係を明確化することと混同するかもしれません。

論理展開力とは、ある結論メッセージを、聞き手にとって理解しやすいように、効

果的に配置する力ではありません。結論自体を強固なものにする骨格のようなものです。

チャートはロジック整理のために作る

マッキンゼーのコンサルタントは、日々ロジックが明確に通った「チャート」と呼ばれる資料作りを徹底させられます。

マッキンゼーにおけるチャート作りは、プレゼンテーション資料を作ることが目的ではありません。チャート作りを通じてロジックを整理し、骨太の結論やメッセージを導き出すプロセスです。

骨太の意見というのは、必ずしも斬新な発想や新鮮なメッセージを含んでいる必要はありません。

世の中にありふれた意見であっても、その結論をバックアップする根拠がしっかりしているものであれば、貴重な意見になります。

逆に、斬新な意見であっても根拠が弱ければ、ただの思いつきやデタラメと捉えられます。重要なことは、論理力とコンテンツ力が相互に作用する良いバランスを保っていることです。

ロジカルシンキングは、理屈を大事にする戦略家のためだけのものではありません。価値ある意見を発し、自分の存在意義を示すためには、ビジネスパーソンにとって必要不可欠なスキルと言えるでしょう。論理力を鍛える方法については後述します。

14 ネットでカンニングせず、自分の頭で答えを出す

問題解決策を練ったり、ブレスト会議でアイデアを出し合ったりして午後を過ごすと、夕方5時頃にはお腹《なか》がグーッと鳴り出します。一方で、インターネットで情報を検索したり、文献をあたったりと情報収集に集中した時は、身体《からだ》は疲れるものの、お腹は午後7時過ぎまで持ちます。

医学的な根拠を突き止めたわけではは全くありませんが、脳みそをどれだけ使ったかと関連性があると解釈しています。モノを考えたり、アイデアを出したりするには、脳みそをフル回転させる必要があります。「脳に汗をかく」とエネルギーをより多く消費していると捉えています。

「考える」と「調べる」は大きく違います。何かの課題に直面した際に、まず素早く周囲の経験者に聞いてみる、情報を検索してみる、先人の知恵を借りる。「調べる」アプローチは効果的です。

その際のフットワークの軽さは、その人の成果や効率性に直結します。しかし先人に頼らず、「考える」ことも重要です。経験則に頼らずに、ゼロベースで「考える」ことで新たな仕組みやサービスが生まれてくることもあります。

三度の飯より「考える」プロセス

ＨＢＳの授業は１００％ケースメソッドです。学生は事前にケーススタディ教材を読み込み、登場人物の立場で課題を定義し、解決策を考えてから、授業に臨みます。この時、学生は与えられた15～30ページのケーススタディ教材以外には目を通してはいけない、というルールがあります。

ケーススタディは、実在企業の実際に起こった経営課題を扱うため、ネット検索すれば、その後何が起こったかをすぐに知ることができます。つまり、事前学習時に情報収集することは答えをカンニングしてしまうのと同じです。学生にとっては学びがなくなってしまうのです。

情報へのアクセスが容易になった状況では、インターネットで検索すれば、似通った課題への解決策を、すぐに見つけることができます。逆に、この状況が「考える」

ことと「調べる」こととの境目をわかりにくくしてしまっているように思います。問題が発生しても、自分の脳みそを使わずに、つい検索で答えを探してしまう。答えが見つかれば良いですが、類似ケースがなければ課題を解決できないことになります。マッキンゼーでは、新人コンサルタントに対して「考える」ことを骨の髄まで染み込ませます。新卒2年目にもなると、世の中の現実課題に対して、自分なりにゼロベースで考え、解を提案できるようになります。それは、毎日の3食の食事のように習慣的に脳みそに汗をかかせ、「考える」プロセスを徹底させられるからです。

「空→雨→傘」で脳に汗をかく

マッキンゼーのコンサルタントが呪文のように唱える2つの言葉があります。それは、"So what?（だから、何？）""Why so?（それは、なぜ？）"です。

前者は、何かの結論に達した時に「次に、何が言えるのか？」と意味合いを出していきます。良く知られていますが、「空→雨→傘」の議論です。

①「空に雲が広がってきた」→"So what?" だから何が言えるのか？

②「雨がふるかもしれない」→“So what?”だから何が言えるのか?
③「傘を持って出かけよう」

「折りたたみ傘を持って出かける」のであれば、さらに“So what?”を繰り返せば、「大きなカバンを持って出よう」と続いていきます。マッキンゼーのコンサルタントは「“So what?”を5回繰り返せ」と言われます。

何かの課題に直面した時は、“Why so?”が役立ちます。「なぜ、そうなったのか?」と問題を表象的な部分から、掘り下げていきます。

「売上が上がらない」に“Why so?”を繰り返せば、「客数が増えないから」か、「客単価が上がらないから」のどちらかに掘り下げられます。

「考える」プロセスは、時間がかかります。頭の回転が速い人であっても、「調べる」よりも、ずっと多くの時間と労力がかかることもあります。決して瞬間的に答えが閃《ひらめ》くわけではありません。だからこそ、脳みそを使ったときは、お腹が減るのです。脳に汗をかく、を実践してみてください。

15
紙とペンを手にオフィスを離れよう

スマホ、タブレットにより作業効率が劇的に向上しました。デジタルデバイスは積極的に活用すべきです。ITリテラシーの高さがビジネスパーソンの成果に直結してきます。

とはいえアナログツールも捨てたものではありません。特に、一本のペンと一枚の紙の威力は、忘れてしまうにはもったいないです。**使い方によっては、ペンと紙きれがデジタルでは解決できなかった仕事を片付けてくれることもあるのです。**

マッキンゼー時代、私は問題解決の現場で行き詰まると、ペンと丸めた紙をポケットに入れて、オフィス近くのカフェに30分ぐらい抜け出していました。ダブルショットのカフェラテで頭をリフレッシュし、ポケットから取り出した裏紙にペンを走らせました。

課題解決がテーマであれば、それこそ“So what?”“Why so?”を繰り返しました。

仮説設定にあたり新たな視点やアイデアが必要な時は、ゆったりと深呼吸をしながら、外を眺めてラテをすすりました。思いつくままにペンを走らせてみると、良いアイデアが浮かんでくるものです。外の空気を吸って気分転換も同時に済ませ、その後はオフィスに戻り、ＰＣの前で作業に集中できました。

仕事に疑問点が生まれ、先輩や上司に相談に行く際にも、ノートを広げ、ペンを持ち、質問点をリストアップします。相談時に、ポイントを整理して伝えることができるため、論点も絞られます。また、相談相手に対しても、きちっと準備をして相談にきた状況を理解してもらえるという利点もあります。

実は、論理的に考えをまとめ、意見を言う際に頭の中だけで完結できる人は多くはないはずです。マッキンゼーのコンサルタントは論理的思考力に長《た》けていますが、最初から全ての事象を頭の中だけで論理的に組み立て、分解できるわけではありません。新人の頃から紙に書いて資料を作る。紙にまとめて発言する。紙に書き出して整理をする。このようなプロセスを積み上げてはじめて、ロジカルシンキング力が高まっていくのです。

紙に書き出すことにより余分な時間がかかるように思います。しかし、結果的に物事が整理できます。新しいアイデアが生まれることもあります。生産性も高まります。

紙とペンで思考を整理するポイントは以下の3つです。

①まずは頭に浮かぶことを書き出す

清書をするのではなく、落書きをするイメージです。パワーポイントを開くと下書きよりも、最終形の文書を作ろうと意識しがちです。紙とペンは気軽に消して書き直せます。綺麗《きれい》な文書や図表を作ろうとせず、頭に浮かんだことをまず書き出してみることです。

②論理構成・因果関係・優先順位・言葉の表現を気にしない

頭の中で論理構成を組み立てるのは簡単ではありません。優先順位付けを行うことも容易ではありません。適切な表現を見つけ出すことにも時間がかかります。まずは、書き出してから整理するという発想でペンを走らせます。

③何度も書き直しながら整理をしていく

一度書き出したアイデアや考えを見直し、「ピラミッドストラクチャー」にしてみたり、図、表を書いてみたりします。その繰り返しの過程から、論理が通り、適切な表現を見つけることができるようになります。

紙とペンは、ポケットにもぐりこませられるサイズであることも便利な点です。スマホはポケットサイズですが、タブレットやPCはそれなりの重さがあります。

また、すぐにネットにつながってしまうデジタルデバイスには、デメリットもあります。情報収集に頼ってしまうことです。つい関係の薄い情報に気が取られてしまったり、アプリを立ち上げてしまったりもします。気がつくと一日のうちに、かなりの時間をスマホとタブレットに使ってしまっています。

アナログですが、ペンと紙は使い方によっては便利なツールです。是非、その力を改めて見直してみてください。

16

「ポイントは3つ」で思考の瞬発力を鍛える

コンサルタントがよく使う口癖、「ポイントは3つあります」。時に、胡散臭《うさんくさ》く聞こえることがあります。それでも、ポイントを3つにまとめる理由を改めて考えると、納得できる面があります。日頃から「ポイントを3つにまとめる」ことを繰り返すことで、論理思考力、時間管理力、コミュニケーション力を鍛える良い訓練になります。

HBSの1年目は必修科目です。900人の全生徒が10クラスの「セクション」と呼ばれるホームルームクラスに分かれ、同じ科目を同じ顔触れで学びます。すり鉢型の階段教室では、90人が指定された席に座ります。セクションメートの発言や考え方の特徴をお互いが知りつくし、1年の間を切磋琢磨《せっさたくま》します。

190センチの長身に青い目とブロンドの髪を備えた一人のクラスメート。彼は、オックスフォード大学を卒業し、マッキンゼーのロンドンオフィスを経て、HBSにやってきたイギリス人学生です。彼が挙手をし、教授から発言の機会が与えられると、セクションメートの間に一つの期待が込み上げます。

「私は○○と考えます。ポイントは3つあります」

彼の口癖を聞いた瞬間、セクションメートの口元が和らぎ、笑みが漏れます。

彼の意見は、常に、ポイントが3つに整理されています。その論理構成とコミュニケーションスキルは皆の尊敬を集めていました。実際に彼は「成績優等」でHBSを卒業しました。

一方で、毎度「ポイント3つ」と表現する元コンサルタントらしい彼の口調は、セクションメート間での軽い「からかい」の対象でもありました。

「ポイントを3つにまとめる」ことの利点を、「3つのポイントにまとめる」と、以下のように整理できます。

① 論点を分解またはまとめる↓論理力

目に見える表象的な課題を分解し、本質的な課題に掘り下げる効果があります。表象課題を分解することで、より具体的な課題解決につながります。あるいは、分散する議論を、いくつかのポイントにまとめることで、議論を集約させることができます。いずれの場合も、3つのポイントは、分解またはまとめる上で、適度な数です。

②優先度をつける↓時間管理力

目の前で注力すべき課題や論点を絞り込むことで、限られた時間を有効に活用することができます。優先度の高いポイントを絞り込む数としては、3つが適当です。

③説得力を増す↓コミュニケーション力

主張点をバックアップする根拠や理由は、少なすぎても、多すぎても、効果は半減します。1つでは少なすぎ、5つでは多すぎます。結論メッセージを支えるポイントは3つが適当です。

日頃から、「3つにポイントをまとめる」癖をつけ、論理力、時間管理力、コミュニケーション力を高めていきましょう。

17
無遅刻・無欠勤を続けられる健康管理をする

総理大臣がアメリカ大統領との会談を風邪でキャンセルする。

上場企業の社長が業績説明会を体調不良で欠席する。

NHK朝のニュース担当アナウンサーがインフルエンザで休む。

長年続く昼のお笑い番組で司会者が熱を出して欠席する。

上記のような事例はめったに目にすることはありません。もし複数回に渡り欠席するようなことがあれば、その人の復帰後のポジションは保証されないでしょう。身体には日々調子の変化があるものの、責任ある仕事をしている人は体調管理がしっかりしているということです。

HBSの授業は、無遅刻・無欠席が大原則です。実際に、在学中の2年間で、クラスメートが遅刻したケースは片手で数えられる程度です。欠席が認められるのは、近親者に不幸があったような例外時だけです。現実として、欠席者のいる授業は年間を通してゼロに近いです。ここが、日本の大学と大きくことなります。学生のほとんどは、金融機関から多額の借金をして、自らの意思でビジネススクールに来ています。根底にある真剣度が違います。さらには、遅刻・欠席によって、授業から遅れをとることによる追加の苦労を避けようと必死でいます。

ビジネスの世界では、無遅刻・無欠席が大原則です。とはいっても、毎日、身体の調子は変化します。身体がだるい日もあれば、熱っぽい日もある。風邪気味になったり、睡眠不足になったり。大事なことは、日々体調が変化することを大前提に、マイナスの影響を最小限におさえる努力をすることです。

ビジネスパーソンとして、日頃から気をつけるべき基本的な健康管理は以下のポイントです。

① 十分な睡眠をとる
② 朝ご飯をしっかりとる
③ 手洗い・うがいを怠らない
④ 予防接種を受ける
⑤ 定期健康診断を受ける

⑥ マスク着用など周囲に配慮する

しっかりとした睡眠は健康管理の基本です。睡眠を削って仕事や勉強に励む人を見かけます。短期的には効果はあっても、中長期で継続するのは困難です。むしろ睡眠不足で頑張っていると感じても効率性は落ちており、自分の持っている力を出し切れていないはずです。

最低6時間の睡眠、理想は毎日7時間位でしょう。私は平日最低6時間の睡眠をとるよう心がけています。

食事、手洗い、予防接種、健康診断などは自分自身のためです。マスク着用は自分の健康管理の意味もありますが、他人にウィルスを移さない配慮でもあります。咳《せき》をしながら無理をして会議に出席するのは、ビジネスパーソンとしてむしろ無責任な行動です。周囲への配慮をしっかりしたいものです。

18

身体を動かすことで心にアンチ・エイジングを施す

鉄筋3階建の建物内に、屋内トラック、フルサイズのバスケットボールコート2面、ランニングマシン、スタジオ、ウェートトレーニンググルーム、他。HBSのキャンパス内には、近代的でフル装備のフィットネスジムが完備されています。中には、試験中であろうと、いつ行っても学生、研究者、教授陣で混み合っています。中には、ランニングマシンで汗をかきながら分厚い教科書や課題図書、HBS特有のケーススタディ教材を読んでいる学生もいます。ウェートトレーニンググルームで重量級のダンベルを持ち上げながら、セット間の休みの間に本を広げている学生を見ると、さすがにやり過ぎだなと苦笑いしてしまったりしますが……。

ハーバードの学生や研究者のようにアメリカのエリート層と呼ばれる人達は、健康意識が高いです。それは米国人の食生活が肥満を引き起こし、その反動で知識層達の健康志向が高まっている背景があるからです。

事実、ハーバードの学生、研究者はフィットネスジムでのワークアウトが大好きです。ハーバードで汗を流す人は、10代、20代とは限りません。40代、50代、中には60代のベテラン研究者までも定期的に運動をしています。

日本では食生活や日本人の体質上、アメリカのように肥満は社会問題になっていません。アメリカに比べて社会の格差も小さく、平等志向の我々日本人にとっては米国人エリート層の持つ過度なヘルシー志向は見られません。やっきになってジム通いする必要性はないというのが私の個人的な意見です。それでも、私は長年ジム通いを欠かしていません。元々運動が好きなことと、ジム通いの利点を感じるからです。

まずは、体力の維持が挙げられます。基礎体力を維持することで、単純に言えば若さを保てます。若さというと大げさですが、仕事面において鍵となってくるのは身体的な若さだけでなく、精神的な若さです。

年をとるにつれて、放っておいてもメンタル面で保守的になります。20代から30代、30代から40代と年を重ねるにつれて、キャリアも守りに入りがちです。**身体を健康で若く保つことによって、いつまでもリスクに前向きで、新たなチャレンジをする意欲が湧いてきます。**

さらに、時々身体を動かすことによって頭の疲れは解消され、ストレス発散になります。適度な運動は肩こり解消にもなり、毎週必ずジムに通うことで生活リズムを維持できるメリットもあります。ジム通いを継続するには3つのコツがあります。

①時間を敢《あ》えて確保する

時間があったら運動しよう。これでは継続するのはなかなか難しいです。よっぽど運動が好きな人、よっぽど暇な人、よっぽどダイエットに注力している人など、よっぽどの人でなければジム通いを習慣化するのは簡単ではありません。

私は、土日のどちらかの午前中を必ず1回ジムに行くよう決めています。そして、そのように家族にも宣言しています。だから、私がジムに行かない日があれば、娘が今週運動しなくていいの？と聞いてきます。実は周りに宣言することで、さぼれないプレッシャーにもなります。

②身体がなまった感覚を忘れる前に運動する

運動をすると必ず、身体のどこかが筋肉痛になります。学生時代のように激しい運動をしなくても適度な身体の重さや痛みが残るものです。これが実は、次の運動を続ける原動力でもあります。2～3日すれば、筋肉痛はおさまります。完全に身体から運動後の適度な疲れや痛みがなくなってしまうと、だれてしまいます。

私は週1回週末の時間確保に加えて、身体がなまったな、と思う頃に平日一度ジムにいくよう心がけています。必ずしも毎週平日に運動できるわけではないですが、運動したいな、と身体が発するシグナルがなくなる前にそれに応えるようにしています。

③ 無理をしない

定期的なジム通いをスケジュールに織り込む一方で、ジムに行った際に無理をしないこと、頑張りすぎないことです。たまにジムに来たのだから、張り切って運動しようとすると、身体に無理がきます。さらには、これから1時間走るのは面倒だな、と思うと腰が重くなり、ジムから遠ざかります。

まずは、定期的にジムに足を運び、その日の体調や気分に応じて軽く汗を流す。調子が良ければ、少し長めに運動します。時間を確保し、身体にサイクルを埋め込み、無理をしない。この位の感覚が続けるコツです。

19

服装は個性よりも清潔感を大事にする

2005年にボストン・レッドソックスからニューヨーク・ヤンキースに移籍した当時のメジャーリーグを代表する打者であったジョニー・デーモン選手。彼が、ヤンキースのチームに加わる条件として、長髪を切り、無精髭《ひげ》を剃《そ》った話は有名です。レッドソックス時代のデーモン選手といえば、ワイルドガイのイメージそのもので、あだ名は「原始人」。長く伸びた髭は、彼の象徴でした。レッドソックスとヤンキースは、過去にベーブ・ルースが両チーム間で移籍したこともあり、アメリカンリーグの東地区では長年のライバルでもあります。

そんな競争意識の強いレッドソックスの象徴的なバッターが、ヤンキースに移籍するやいなや、トレードマークの髭をあっさりと剃り、名門チームの一員となったことは、何を意味するのでしょうか。

ライバルチーム同士とはいえ、やはりヤンキースはメジャーリーグ随一の、歴史と実績を誇り、野球選手であれば誰もが一度は憧れる球団です。ヤンキースは選手の身なりにも口うるさく介入する球団で有名です。実力とセットのためか、ピンストライプのすっきりとしたユニフォームを身にまとうヤンキースの選手達は、他の球団と比べて、特別な存在にも見えます。

単純に言えば、レッドソックスという名門球団の一流プレーヤーから、ヤンキースという超名門球団で超一流プレーヤーを目指す決断をしたデーモン選手にとって、トレードマークの髭は優先順位が低かったということではないでしょうか。

服装は没個性的なゴールドマンとマッキンゼー

ゴールドマン、マッキンゼーの海外オフィスを訪れると、社員の服装は、驚くほどに没個性的です。皆、白または薄いブルーシャツにダークスーツ。バッグは、重要な資料を持ち歩くことも多い仕事柄から、大きめの革張りアタッシェケースか、出張の多いプロフェッショナルに人気のある丈夫なナイロン素材のバッグという例が多いです。まるで、制服と間違えられるかのように、皆同じような装いをしています。

彼らが重要視しているのは、何でしょうか。それは、「清潔感」の一言に尽きます。

コンサルタントやインベストメント・バンカーという仕事の特質上、クライアントは、シニア経営陣です。場合によっては、自分より30歳も年上のCEOに助言することになります。**クライアントが求めているものは、外見上の個性ではありません。アドバイスの中身における個性です。**何を言うかであって、当然何を着ているかでもなく、どんなに洋服のセンスが良いかでもありません。

さらに付け加えると、一流のプロフェッショナルが必ずしも高級なスーツやシャツを身につけているとは限りません。共通しているのは、やはり清潔感です。地味ながら仕立てが良く、生地が見るからに艶のある高級スーツを身に着けている人。強いこだわりとフィット感を求め、オーダースーツに身を包む人。一方で、過度なこだわりを持たずに適度な価格のスーツを着こなしている人もいます。

シャツの襟元が擦り切れているゴールドマンのアメリカ人シニアパートナーを目にしたことがあります。しかし、決して汚らしく、みすぼらしい擦り切れ方ではありませんでした。モノを大切にしている様子が窺《うかが》えました。彼の身に着けている時計も地味で機能性を重視したものでした。清潔感という共通点を除き、服装や持ち物へのこだわりは、人それぞれと言えるようです。

20
2週間に1度は靴を手入れする

　ドアが自動で開いた。おっという表情を見せたあと、大柄の身体を折り曲げ、タクシーに乗り込む外国人。自動でドアが開くタクシーは、世界中探してみても日本だけだろう。

　何度も日本を訪れた経験を持ち、東京の交通事情に詳しいはずの彼だが、この時だけは慌てていたようだ。クライアントミーティングに遅刻しまいと慌ただしくオフィスを出てタクシーに乗り込む際には、自分のホームグランドであるニューヨークの手動ドアを想像したのかもしれない。

　私は、このニューヨークオフィスからのビジターと、同僚バンカーとともに、都心部のクライアント企業にタクシーで向かった。無事に、5分前に先方オフィス入口にたどりつき、時間通りに会議に滑り込むことができた。

　毎度ビジターのスケジュールを詰め込み過ぎているようだ。特定業界に詳しい海外のエキスパートバンカーの訪日とあって、朝から夕方までミーティングがぎっしり詰め込まれている。我々も、日頃からお付き合いのあるクライアント企業の経営企画部とディスカッションのために、ミーティングをセットした。

タクシーの中で、ミーティング用資料の内容をおさらいし、事前打ち合わせをしながら、私の目に飛び込んできたのは、そのビジターの足元だった。焦げ茶色の革靴が、丁寧に磨かれていて、鈍く光沢を放っている。東京出張が3日目にはいり、汚れていても当然のはずだ。短期出張だから、靴を何足も持参してはいないだろう。滞在先のホテルのオーバーナイトサービスで、靴の手入れをしたのだろうか。

身だしなみは足元から

この出来事から、どんなことを感じられたでしょうか。これはゴールドマンで私が実際に経験したことです。

男性用の服装に限った話ですが、最近は、リーズナブルなスーツやビジネスシャツのクオリティが格段に上がっているように思います。以前は高級イタリア製や国産品とは、明らかに差があったように見えましたが、今や、品質の差は明らかに小さくなっているように思います。

ビジネスパーソンが日常的に身にまとう比較的廉価なスーツやシャツのデザインや仕立てが格段に良くなっています。結果、上半身を見ただけでは、身なりに大きな差が生まれにくくなっています。

ビジネスマンの身だしなみで差が出るのは、ずばり足元です。足元とは、このビジターの例で言うように、靴だけではありません。下半身全体と言っていいです。つまりは、靴とズボン。特に注意を要するのは、次の2点です。

①ズボンの折り目にプレスがされているか

ビジネス用のズボンは、平日5日分の替えを用意するのはなかなか無理でしょう。一人暮らしの男性には、毎晩あるいは毎朝アイロンかけをするのは大変です。そこで便利なのが、ズボンプレス機。夜セットしておけば、30分もすればきちっと折り目がつきます。私も、独身時代は、とてもお世話になりました。

②靴のカカトは磨《す》り減っていないか

カカトは定期的に修理したいものです。カカトが磨り減ると、靴は型崩れを起こします。駅の階段で、前を歩くビジネスマンのカカトが磨り減り、型崩れしている様子を見ると、身なりの手入れができていない印象を持ってしまいます。

私は、2週間に一回ビジネスシューズを週末にまとめて手入れしています。カカトは、定期的に修理に出しています。

靴はシューキーパーを利用すると型崩れを起こさず、靴の寿命が3倍伸びます。余談ですが、私の愛用するビジネスシューズは、どれも10年選手です。シューキーパーを入れ、定期的な手入れを欠かしませんでした。靴のカカト、ソール全体、内側の擦り切れた部分などを定期的に修理に出してきました。気づいたら、どの靴も10年超のベテラン。最年長は今年で15歳になります。

Chapter2 Summary

★ 心に余裕を持つ意識を保ち続けるために、日頃「アフターユー」を大事にする

★ 本は読書した3倍の時間をかけて章ごとにじっくりと考える

★ 斬新なアイデアを通すためには、それを支える論理力が不可欠

★「考える」と「調べる」を分けて時間を使う

★ “So what?（だから、何？）”“Why so?（それは、なぜ？）”で脳に汗をかく

★ 攻めのメンタルを維持するためにトレーニングを欠かさない

Chapter

3

時間に支配されずに働く

21 どんな理由があろうと、10分前には現地到着

約束の時間を守ること。万国共通、普遍的なルールであり、議論の余地はないでしょう。全ての仕事の基本です。しかし、基本的なことだからこそ、きちっとこなすのは容易ではありません。だからこそ、遅刻をせず、時間を守れる人は信頼されます。**時間を守ることへの信頼であり、基本をしっかりやる人への安心感であり、根底にある自己規律や意識の高さに対する尊敬にもつながります。**

ゴールドマン時代のエピソードを紹介します。クライアント役員との会議に向けて、私は先輩社員と共に直前まで資料の準備をしていました。そして、会議の始まるぎりぎりになって上司のもとに立ちより、タクシーに飛び乗って会議に駆け付けました。その時は運良く時間に間に合いましたが、行きがけの移動中、その上司から厳しく注意を受けました。先方に10分前に到着することが基本中の基本である、ということを。

新人時代に、その上司に教わった貴重な一言があります。

「ゴールドマン・サックスの常識は世間の非常識と思いなさい」

M&Aの世界では知らない人はいない、トップM&Aバンカーであった元上司の言葉です。その上司は、新卒で外資系金融機関に入社してきた私のような新入社員に、この言葉を良く言い聞かせてくれました。

一流の日本企業でしっかりとビジネスマナーを叩《たた》き込まれた後にゴールドマンに転職をしてくるバンカーは、世間の常識を身につけて入社します。しかし、当時はまだ新卒で外資系金融機関に入社する社員は少なく、新人社員向けの教育システムは日本の一流企業に比べると見劣りするところがありました。

入社早々に実際のプロジェクトに放り込まれる新卒社員が陥りやすい錯覚。**それは、目の前の忙しさにかまけ、ついつい5分の遅刻を仕方ないと思ってしまうことです。**優秀な転職組のバンカー達と仕事をし、まだ何もできない自分をも優秀と勘違いしてしまう思いこみ。クライアント企業の重役達と同席し大規模プロジェクトに携わることで、エリートの仲間入りをしたと履き違える意識。

その時の上司の一言から教わったことは、基本の大切さです。そして、自分を客観視すること。自己規律を保つこと。さらには自分が実践をし、後輩にも伝えなさい、ということ。中でも一番基本にあるのが、「約束の時間を守ること」です。

22
ハーバード卒業生が教える週末自己投資術

ＨＢＳの超人気クラス“Management in Perspective”、略してＭＩＰ（ミップ）。必修コースの1年目を修了し、全学生の数%が落第するとも噂《うわさ》される試練を乗り越え、無事2年生に進級した学生がとる選択科目の一つです。このコースは、単に人気クラスということだけが特徴ではありません。クラス運営と内容自体がＨＢＳでは稀《まれ》にみる、というより唯一の授業といっていいのです。

特徴的な点はクラスサイズ、講師、テーマ、運営方法の4つです。クラスサイズは通常の90人と違い、大講堂で行われます。それだけ受講希望者が多く、小さな教室には入りきれません。

2つ目は講師。講師陣といった方が正確です。ＨＢＳの卒業生を中心に、世界の第一線で活躍する起業家、経営者、投資家、政治家、ＮＧＯ活動家が毎週入れ替わり立ち替わりやってきます。

3つ目は彼らが議論するテーマ。それはズバリ人生設計です。それぞれの一流人が自分の人生を振り返り、キャリア、プライベートライフを含めた人生において何が大事か、過去に戻れるとしたらどうするか、若者達にアドバイスを送ります。

そして、4つ目の特徴は運営方法です。HBSといえば、ケーススタディ教材を事前に予習し、90人の学生同士が熱の入ったディスカッションをするケースメソッドが有名です。MIP以外は、全てケースディスカッションです。しかしMIPコースでは、講師陣に対して質問を投げ、それをオンラインの今で言うSNS的なプラットフォーム上で、意見のやり取りをします。

ケースディスカッションのようなプレッシャーはないのですが、実はHBSで最も学びの大きい授業だったと評する学生も多いです。

プライベートを後悔するエリート達

MIPで議論されるテーマとして最も多いのは、ワークライフバランスです。それもそのはずです。HBSの厳しい1年目を無事くぐり抜け、卒業後の進路も決まった2年目の学生は、卒業後誰よりも早くビジネス界で結果を出そうと意気込んでいる集団です。同期の中で、誰が最初に立ち上げたベンチャーを上場させるか。卒業後5年目の同窓会を当面の目標として、競争意識の激しい同級生同士が、闘志を燃やします。元々、ワーカホリックなHBSの学生が、「Fortune100」の上場企業のCEOやら著名なベンチャーキャピタリストらの人生談に興味を持たないわけがありません。

ところが驚くことに、錚々《そうそう》たる講師陣が口をそろえて語ることは、ワークライフバランスの大事さです。

ビジネスの世界で大成功したとみなされる彼らの中には、プライベートライフで後悔を経験した人も少なくありません。結果、彼らはキャリアばかりを追う若者達に、しっかりとした人生プランのもとでキャリアを積み上げていくことを勧めるのです。

それでは、果たして、20代のビジネスパーソンにとってのワークライフバランスとは一体どう考えれば良いのでしょうか？　30代のビジネスパーソンはどうでしょうか？

このテーマの難しさは、バランスを問うている点にあります。結局、そこには、絶対的な判断軸はありません。あくまで、仕事とプライベートとのバランスを上手にとるということでしかないのです。

私は、ワークライフバランスを次のように考えています。

①　20代は目の前の仕事に力を傾ける

20代でワークライフバランスを考えるのは、まだ正直早いと思います。できるだけ多くの時間と労力を仕事サイドに振り分けるべきだと考えます。

その際に大事なのは、次の2点です。休息をしっかりとること。そして、短期の仕事と長期の仕事の2つの視点を持つこと。短期の仕事とは、今まさに目の前にある仕事でどう成果を出すか。そして長期の仕事とは、3年後、5年後、10年後の自分のキャリアでの成果に向けた、いわば自己投資のことです。

自己投資とは、資格の勉強しかり、語学の習得しかり、ビジネス書を読んだり、あるいは視野を広げるために、全く異なる分野の読書や体験をしてみたりすることです。指針とするべき時間としては、週末の丸一日を自己投資のための時間として確保するべきだと考えます。

②　30代は週末半日を自己投資にあてる

仕事において一定の経験と実績を積み上げ始めた30代。結婚を期に、家族を持つ人も増えてくる頃です。家族が増えると、週末に自己投資の時間を確保するのが難しくなります。

それでも敢《あ》えて、自己投資に励むべきと考えます。自分のため、家族のため、と考えて、週末のうち半日は自己投資にあてるべきというのが個人的な意見です。

週末一日を自己投資にあてる人は、一年間で50日間、一日8時間とすれば、総時間にして400時間にのぼる計算になります。20代後半の5年間をしっかりと自己投資にあてた人は、明らかに30歳を迎えるころにキャリアで差を生み出します。

実際に、私は20代に一般的に過酷と言われる投資銀行でのキャリアの他に、かなりの時間を自己投資にあてました。MBAへの私費留学もその一つです。MBA留学に向けた語学学習時間もかなりのものです。そして今30代後半の自分は、週末の半日を語学や読書にあてるようにしています。

23
ゴールドマンの上司が始業1時間前にしていること

　朝から晩までひっきりなしに打ち合わせの瞬間を待つ人の列。東京オフィスだけでなく、海外オフィスのビジターも含め、たった5分の報告・相談・決裁を求め、オフィスの前に人が集まってくる。

　夜は会食が入り、海外との電話会議が夜中に予定されている。一日に届くメールの数は、数百通。多忙を極める上司のスケジュール。どうやって体調を維持しているのだろうか。頭の中はどのように整理されているのだろうか。

　ゴールドマン時代の尊敬する上司は、朝が早い人でした。私の知る限り、世界中のビジネスパーソンの中でも最も忙しい人の一人だと思う人です。

　始業時間の1時間前には人の少ないオフィスに出社します。一日で唯一静かな時間帯に効率的に仕事に取り組みます。その時間帯に元上司が一体どんなことを考え、どんな順序で仕事をこなし、一日の来るべき〝戦争〟に立ち向かっていく準備をしているのか、本人に確認したことはありません。しかし、その1時間は、おそらくその上司にとってとても貴重な時間帯であることだけは容易に想像がつきます。

朝一にメールはチェックしない

仕事のできる人には朝型が多いという話をよく耳にします。実際、周りのできるビジネスパーソンは、朝方の人が圧倒的に多いです。脳の働き的にも朝が仕事を効率的にこなす最適な時間帯であるというのは様々な研究でも言われていることです。

生理的な理由以外にも、朝の効率が高い点はいくつか挙げられます。中でも大きな理由は、電話が鳴らず、訪問客がなく、社内の上司・同僚・部下から相談を受けることが少ないことです。つまり、朝一のオフィスは、静かで、誰にも邪魔されず、自分の仕事にほぼ100%集中できる唯一の時間です。

逆に、効率の低くなる時間帯は、ランチ後です。特に、午後1時からの会議は、生産性が下がりがちです。食事直後で消化器が活発化し、眠気を誘います。早起きした人にとっては一日のうちで中だるみする時間帯でもあります。この時間帯に、集中力を要する仕事は向きません。朝一の1時間にできる仕事が午後になると3時間かかるといっても言い過ぎではないのではないでしょうか。

時間帯ごとの生産性の高低を、積極的に意識をしてスケジュールを組むことで、効率性は明らかに上がります。私は3つのことを意識しています。

①朝一の1時間は他の仕事をシャットアウトし、集中した作業やアイデア出しなどに使う

②メール処理は朝一にはやらない。移動中や午後の生産性の下がる時間帯に取り組む

③その日のToDo確認は前日までに整理し、朝一は確認だけに留《とど》める

朝一の頭の冴《さ》えている1時間は、行き詰まった作業の打開策を見出《みいだ》す。あるいは新しいアイデアを考える時間としたり、集中した作業が求められる仕事にあてます。やってしまいがちなことは、せっかくの貴重な朝の時間帯にメールの返信をすることです。あるいは、その日のタスク整理にあててしまうことです。**最も頭の冴えている時間帯に、いわゆる作業的な仕事に取り組まないことが効果的です。**朝一は脳みそをフル回転する必要がある仕事にあてたいものです。

24 明日の朝一ダッシュをかけるための儀式

毎晩夜中2時過ぎまでオフィスで仕事をし、翌朝の始業時間9時ぎりぎりにオフィスに着く。オフィスビル内1階にあるコーヒーショップに立ち寄り、パンとコーヒーを買って自分の席に着く。

PCを起動し、眠い目をこすりながら朝ご飯のパンをほおばり、コーヒーをすする。PCが立ち上がるとメールの受信ボックスを開き、大量のメールにげんなりする。メールの返信に手間取り、ようやく手元のメールを整理し終わるともうすぐ10時。そこから、たまった仕事のどこから手をつけようかと焦る。

実は、この風景は、ゴールドマンに入社したばかりの新人1年目の自分です。仕事のできない典型的な新人です。先輩・上司からどなられ、仕事はたまる一方で睡眠不足の悪循環が加速していきました。

そんな時、隣の席に座る先輩に言われました。

「お前、朝飯くらい家で食ってこい。朝一の出社直後の貴重な時間を無駄にするな」

その先輩は、つい先日、日本の金融機関から転職をしてきたバンカーです。入社こそ私の方が数ヵ月先ですが、ビジネスマンとして超一流。あとでわかったことですが、後輩の面倒見の良い、非常に尊敬できる社会人の先輩でした。

前職時に米国のトップビジネススクールに留学し、将来を期待される中、さらなるステップアップを求めてゴールドマンに移ってきた人です。隣の席に座り1週間もすれば、その人の実力は社会人1年目の自分にとっても明らかでした。

その日から自分は隣の社会人先輩Aさんを良く観察しました。

Aさんの帰宅時間は遅い。日付が変わる前に帰宅することは、他のバンカー同様にほとんどない。しかし、しばらくすると、何気ないことなのですが、仕事のやり方で私と決定的に違う点に気づいたのです。

それは、Aさんが帰宅前に自分の机を綺麗《きれい》に整理整頓していることでした。雑巾がけをして、綺麗にテーブルを磨くということではありません。複数のプロジェクトをかけもちする中で、資料をプロジェクトごとに整理整頓し、机の作業スペースからファイルに整理する。そして、一枚のペーパーに明日のTo Doを書きあげ、翌朝出社時から全力で仕事に取り掛かれるように、優先順位付けをしてから席を立っていたのです。

Aさんは翌朝出社すると、おもむろにスーツの上着を脱ぎ、ハンガーに掛け、PCを起動しました。そして、そこから猛烈な速度で、目の前の仕事をさばいていってしまうのです。

上司や同僚に声をかけられた時は、いつも落ち着いて席を立ち、やりかけの仕事に追われている様子はありません。常に、全てが効率的に好循環で回っているようでした。そして、その動きの一つひとつに、落ち着きと自信がみなぎっていました。

そこから、自分はやり方を変えようと心掛けました。すぐにAさんのようにはいかないまでも、できるところから始めることにしました。

帰宅前に、翌日の仕事のTo Doを整理し、朝一番から取り掛かれるように頭と心の準備をしてみました。この習慣は、決定的に仕事の効率性を高めてくれました。前日にTo Doを整理すると、翌朝自宅を出た瞬間からオフィスに到着するまでに、何をすべきかを頭の中で思い返すことができる。その日一日にやるべきことが明確になり、気持ちに余裕が生まれました。

朝一の頭の冴えている貴重な時間を、タスク整理に使わずに優先作業に一気に取り掛かれることで、アウトプットのレベルも劇的に上がりました。

25 1週間が始まる前にオフからオンに切り替える

日曜日の午後を過ぎると、外出先で一瞬明日からの仕事が頭をよぎったりします。夕方になり日が沈む頃には、いよいよ週末は終わりだな、と感じ始めます。さらには、俗に言う「サザエさん病」で、夕飯時にはすっかり憂鬱な気持ちになり、もっと休みたいなあ、と大人ながらに駄々をこねたくなります。

オンとオフの両方を楽しみ、週末にリフレッシュできればできるほど、実は頭の切り替え時には労力がいるものです。むしろ、休まず走り続けている方が憂鬱な気持ちにならないのは、その切り替えを必要としないからです。

しかし、これでは長期的に仕事で成果を上げ続けることはできません。やはり、適度な気分転換、仕事以外の趣味や楽しみを持ちながら、心身ともに健全な状態で仕事に取り組める方が、結果的に良い仕事につながります。

新人の頃、月曜朝に開催される朝会に出るのが憂鬱でした。いつもより30分早く出社しなければならないからです。遅刻ぎりぎりで会議室に入ると、頭がフル回転で会議を進行する上司の姿に驚かされました。一体なぜ、その上司は月曜の朝会からフルスロットルで仕事をし、存在感を示すことができるのでしょうか。答えは簡単です。それは、気持ちの切り替えがすでにできており、かつ朝会に向けてしっかりと準備をしているからです。

月曜午前中の仕事ぶりを見れば、その人の能力がわかります。誰でも朝は眠いです。月曜日にオフィスに行くのは嫌です。その中で月曜朝一から全開で仕事ができるということは何かが違うのです。気持ちの切り替え力、集中力があり、かつ常に一歩先の仕事を見据えて準備をする心構えができている証拠です。

逆に、月曜朝に遅刻をし、週末のツケが回り、午前中にバタバタする。これは明らかに、切り替え力、集中力、準備力が欠けています。

どんなに願っても、週末が永遠に続くことはないのですから、月曜日の午前中を全力疾走できるプロフェッショナルを目指したいものです。月曜日の朝を実りあるものにするために、私は日曜日の夜に3つの点を心がけています。

① 週末楽しかったことを振り返る

友人や家族と出かけた場所と時間、自己投資にあてて得たもの、美味《おい》しかった食事やお酒などを、振り返ります。といっても、大げさなことをする必要はありません。

単に、夕飯を食べながら家族と一緒に「今週末も楽しかったから、また○○に行きたいね」と語り合うだけで良いです。それだけで充実した週末を振り返り、明日から頑張るエネルギーが満ちてきます。

②一週間と月曜日一日のTo Doリストを確認する

明日からの一週間のスケジュールを確認します。そして、大まかな一週間の作業予定をイメージし、翌日月曜日一日の「To Doリストを確認します。出社した直後から何に取りかかるかを明確にイメージしておきます。

③いつもより15分目覚ましを早くセットする

とかく、月曜日朝はバタバタするものです。いつもの平日より、15分だけ早く起きるように心がけます。そのためにも、少し早目に寝るようにします。

この3つをやるのに、30分もかかりません。日曜日夜の前向きな心構え一つで、一週間を効果的なものにできるのです。

26 ゴールドマン流 優先順位設定法

3日後に迫った顧客企業との打ち合わせ資料が、まだ骨格さえも出来上がっていない。他の仕事がたまりにたまって手をつけられずにいたら、いよいよ、あと三晩となった。打ち合わせをしたい上司の時間は明日の午後しかとれない。

今晩は、やり残しの他の仕事が他にもある。そんな時に限って他のお客さんから電話が入り、緊急対応が必要になった。さらには、別の件で先輩から仕事を頼まれた。

1ヵ月前から約束していた社外の友人との食事会は明日に予定されている。幹事にもかかわらず、お店の予約をしていない。この1週間睡眠時間を十分に確保できず、頭が回らない。焦るばかり。

私は新人時代によくこんなパニック状態に陥る経験をしました。仕事は都合通りに平準化されるとは限りません。また悪いことに、トラブルは重なるものです。疲れがたまり、焦りがつのり、悪循環に入るほど、後手に回るものです。なかなか抜け出せなくなります。

ある時、目の前の仕事で手が回らなくなり、困り果てている私に、先輩が声をかけてくれました。そして一枚の紙を広げ、その時の私の状況を書き出してくれたのです。先輩が作業リストを整理してくれた結果、私は目の前の状況から抜け出すことができました。それからというもの、私は仕事が重なった時は敢えて手をとめ、目の前のTo Doを整理するよう心がけています。以来、仕事でパニックに陥る頻度が劇的に減りました。

時間の概念を甘く見ない

To Doを整理する際に気をつけるべき点は、①優先度、②完成までに要する時間の2つの軸で、目の前の仕事を部類分けすることです。

まず、仕事の優先度の高低で分類します。すぐにやるべき仕事がどれかが明確になり、気持ちが落ち着きます。次に、完成に要する時間の長短で整理をします。取りかかってしまえばすぐに完了できる仕事と、そうでないものの区別です。意外と取りかかりさえすれば、すぐに終わってしまう仕事が多いことに気づき、冷静になれます。

優先順位設定マトリクス

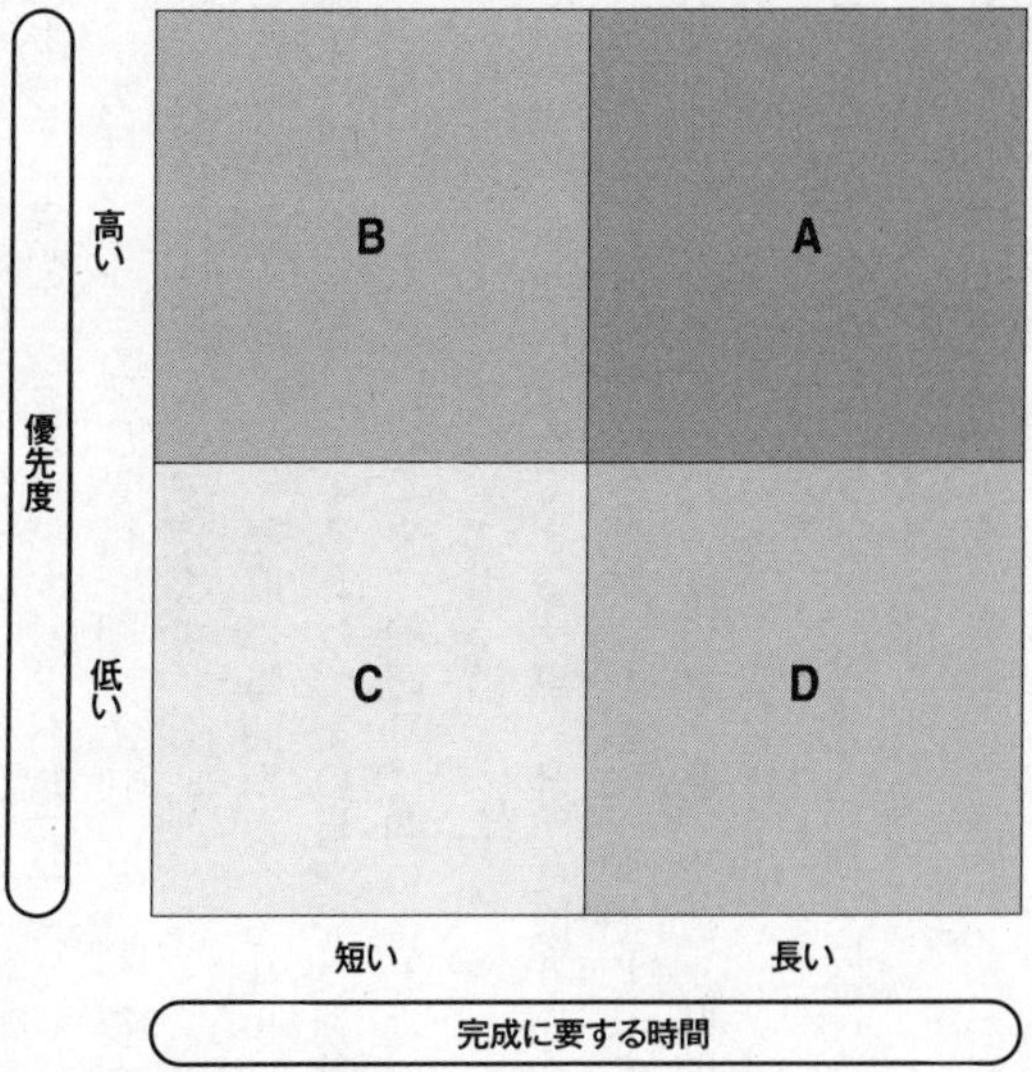

例えば、同期会のお店を決めて予約をするには、お店の選択基準さえ明確であれば、すぐにネット検索し、電話をするだけです。3日後に迫っているクライアントとの打ち合わせ資料は、明日の午後までに骨格を固め上司の承諾を得れば良いことです。資料作成は、明日、明後日の夜に対応できます。

仕事を分類した後は、優先度が高く完成に時間がかかる仕事（A）の対応です。どう頑張っても締切に間に合わないのであれば、その旨を先に連絡します。現実的な締切日を再設定してもらうしかないのです。締切日に間に合わないのであれば、当日謝罪するよりも、先に連絡する方が良いでしょう。

次に、優先度が高く、すぐに完成できる仕事（B）に取りかかります。この仕事を目の前から片付けてしまえば、気持ちはかなり楽になるでしょう。

その後、締切日を延ばしてもらった、優先度が高く完成に時間のかかる仕事（A）にじっくり取りかかります。

優先度が低い仕事は、そのあとに取りかかります。短い時間で終了できる仕事（C）は、リストで一つひとつ潰していけば良いでしょう。

最後に、優先度が低く、時間のかかる作業（D）に取りかかります。整理すると、次のような順番になります。

Aの対応↓Bの着手↓Aの着手↓Cの着手↓Dの着手

重要なことは、限られた時間の中でどう優先度をつけていくか、そして、生産性が下がらないように冷静に一つひとつ対処していくことです。

Chapter3 Summary

★ どんなに忙しくても時間を守ることが全ての仕事の基本

★ ワークライフバランスを意識することで、成長の伸びしろが変わってくる

★ 朝の高い集中力を大事にする

★ 翌朝スムーズに仕事に入れるように、退社前の整理整頓、To Doリストの作成を心掛ける

★ 月曜朝は敢えて15分早く目覚ましタイマーをセットする

★ 仕事が回らなくなったら、優先度が高く時間のかかる案件から手当てする

Chapter

4

決定的なコミュニケーションで成果を出す

27 3秒で開ける場所に常にノートを置いておく

海外クライアントとの電話会議中に英語でのディスカッションを仕切りながら、相手の要望や議論内容について滑らかにペンを走らせ、メモを取っていく上司。大型M&A案件の契約条件について、売り手側企業との交渉直前のインターナルミーティング。細かな条項について議論が及び、一つひとつを聞き落とさずに書きこむ上司のノートは、みるみるうちに埋まり、数ページにもわたりました。

驚くことに、メモを取りながらの上司の頭はフル回転。口からは英語がスラスラとでてくる。新人だった私は唖然《あぜん》とする思いで見ていました。

とはいっても、私自身が口を開けて感心していられる訳もなく、議論に乗り遅れまいと、必死に会議に集中しようと努めました。

ゴールドマンに入社した当初、何人もの先輩からノートの取り方を指導されました。ポイントを整理すると次の2点です。

・常にノートを手の届くところに置いておくこと
・会議や打ち合わせは、とにかくメモを取りながらのぞむこと

ゴールドマンは世界中のどこのオフィスに行っても体育会系そのものです。新たな仕事のアサインメント（プロジェクトへの担当付け）は突然やってきます。進行する複数のプロジェクトについての指示も容赦がありません。手取り足取り指示をもらえることはありません。

だからこそ仕事の指示を聞き逃さないためには、いつでもノートを手元に置いておくことが重要なのです。ノートを探してモタモタしているうちに指示が始まります。途中で質問をする余裕もなく一気に続くこともあります。とにかくメモを取り、指示が終わったところで確認する必要があります。

ノートにメモを取る3つの効用

ノートを持参し会議に参加することは、社会人として最低限の準備でしょう。メモを取ることの意味は3つあります。

①　備忘録をつける
②　内容を整理する
③　話し手に対して聞き手の理解を示す

メモを取ることで聞き逃しや内容忘れを防ぎます。次に、指示や議論内容を整理できます。さらにメモを取ることで、話し手は聞き手の理解を確認できます。

仮にメモを取るポイントがなくても、ノートを持参し会議にのぞむべきです。相手はあなたが重要な話し合いをする意思があるとみなすでしょう。手ぶらで会議に行くことは絶対にやめましょう。会議に参加するための準備が不足しているとみなされるでしょう。

28 仕事を頼まれたら、その場で完成イメージを共有

仕事を引き受ける際には、その場で指示者と仕事の完成イメージを共有しましょう。そのためには、まず5W1H（誰に、何を、いつ、どこで、どんな理由で、どのようにして）を明確に確認することです。そして、ラフなアウトプットイメージをその場で擦り合わせます。

プレゼン資料の作成を仮定しましょう。まず5W1Hをしっかりと確認します。プレゼンの相手は誰か。どんなメッセージを伝えるか。いつの会議においてか。どのようなセッティングにおいてか。プレゼンの背景はなにか。プロジェクターを使うのか紙で配るのかなどです。

5W1Hを確認すると、自《おの》ずとどのようなプレゼンテーションが効果的か絞り込まれてきます。相手がクライアント企業の役員であれば、資料はコンパクトにすべきです。年配の方を想定し配布資料の文字は大きめに作る方が良いでしょう。商品戦略に

関する提言であれば、プロトタイプのイメージを用意するなり、ビジュアルに富んだ資料が効果的でしょう。

役員会の一部でプレゼンするのであれば、短い時間しか与えられません。プレゼンの目的が担当者による役員の支持取り付けであれば、バックアップデータを豊富に用意します。限られた時間であれば、セットアップに時間のかかるプロジェクターは避け、資料配布が相応《ふさわ》しいでしょう。

次に、完成イメージを共有します。**簡単な方法は、以前行った同様の仕事を例に挙げることです。**

「半年前に○○社に行ったような〝イメージ〟の資料で良いですか?」と確認するだけで、上司とあなたの前提共有は十分です。過去に参考になる事例がなければ、いくつかのパーツを組み合わせて伝えてみます。

「3週間前にこのクライアントの企画部に出した提案書を、よりコンパクトにして主要メッセージを際立たせ、少しビジュアル情報を追加する〝イメージ〟で良いですか?」という具合です。

もしそこでイメージが違うようであれば、上司から別のアイデアが投げ返されます。

「いや、むしろ先方の会社は分厚い資料を好むから、役員会といえどもコンパクトにし過ぎなくて良いな。むしろ、企画部に出した提案書にはあまり手を加えず、ビジュアル情報を追加する〝イメージ〟にしよう」

2、3のやりとりをするだけで、上司とあなたの〝イメージ〟共有は十分です。あなたはこう言います。

「それでは、今の〝イメージ〟でドラフトを用意してみます。骨格が出来上がったところでコメントをください。明日の夕方までに用意します」

こうすることで、お互いの誤解を防げます。さらに、他にも利点があります。**それは、指示を出す側の上司も十分にイメージしていないかもしれないアウトプットを意識してもらえることです。**上司が多忙であればあるほど、目の前の仕事を部下に任せようとするでしょう。しかし、上司の中で、アウトプットイメージが出来上がっていない仕事は、引き受ける側にもリスクがあります。なぜならば、出来上がったアウトプットが想定と違うこともあるからです。

イメージ共有には余分な時間がかかります。指示を出し、すぐに手離れをしたいと思っている上司にとって、一瞬あなたは面倒な部下に映るかもしれません。

それでも、お互いの時間を効率的に使うために大事なことです。敢《あ》えて、少し食い下がり、イメージ共有を実践しましょう。

29 引き受けた仕事は5分間限定ですぐやる

仕事を引き受け、自分の席に戻ったら、とにかくすぐに取りかかることです。後回しにしても、それだけ効率は落ちます。机の上に広げてある仕掛かり中の仕事があるのであれば、一瞬その仕事を置いておきましょう。そして、たった今引き受けた仕事に5分だけ集中することです。

その5分間でやるべきことは、上司からの指示を再整理することです。そして作業計画を作り、時間を確保すること。次に、早目に取りかかるべきことに着手します。例えば、アポイント調整が必要であれば、早目に関係者にメールを発信します。何かの発注が必要であれば、先に注文をしておきましょう。

直後だから簡単なことが聞ける

5分間取りかかってみることで、作業効率が劇的にアップする理由は他にもあります。取りかかってみると、疑問点が生まれるものです。こういった場合は、すぐに上司に確認しにいきましょう。

初歩的な確認事項であればあるほど、その場ですぐに確認する方が傷口を最小限に抑えることができます。翌朝になって初歩的な事項の確認にやってくる部下の評価は下がるでしょう。締切日に間に合わないという最悪の事態に陥る可能性もあります。

5分間取りかかり、作業計画を作ってみましょう。その時点で疑問点があれば、すぐに確認しましょう。

ここまでやれれば、あとは作業計画に従って進めていくだけです。仕掛かり中の別の仕事に戻っても大丈夫です。5分間だけ、すぐに取りかかる癖をつけましょう。

そして、もう一点気をつけることがあります。それは、締切日を自分の中で一日前倒しに設定することです。これで取りかかるスピードが早まります。

また、自分で作業に取りかかってみてぶつかる課題があれば、早目に上司に相談することができます。早めの締切日を設定し、すぐに取りかかることで仕事の効率性は劇的に上がります。

30 メールの返信スピード＝あなたの評価

私がメール送信ボタンを押してから6時間以内に、ほぼ8割方の返信が世界中から届いていました。発信時点は東京時間で夜中の2時。翌朝8時に出社した際には、メールの受信箱が一杯になっているのですから、6時間以内の返信ということになります。そして、返信者のほとんどが世界中を飛び回っている敏腕バンカー達だから驚きました。東京オフィスの若手バンカーであった私の名前など、彼らは当然知るよしもなかったはずです。

受信箱を見た私はあっけにとられ、その時のロンドン時間、ドイツ時間、北米東海岸時間、香港時間など、主要な海外オフィスとの時差を、ざっと思い起こしてみました。この人達は一体いつ寝て、いつ食事をし、どんな生活をしているのだろうか。

ゴールドマン時代に関わった超大型グローバル案件の一コマです。ある日系企業の売却にあたってのM&Aアドバイザリープロジェクト。私は、プロジェクトチームの若手として、当該企業の買収に興味を示す買い手候補企業リストの作成を担当していました。この期に本格的な日本参入に興味を持ちそうな海外企業名を挙げ、ヨーロッパ、北米、アジアの地域ごとに整理をし、一般に業界でロングリストと呼ばれる初期的な買い手候補先リストの叩《たた》き台を用意しました。

そして、それらの買い手候補企業と太いパイプを持つ、社内の海外オフィスに籍を置くシニアのバンカーに一斉にメールを送ったのです。ちなみに、「バンカー」とはインベストメント・バンカーのことで、日本語では「投資銀行家」と訳されます。特に米英では、バンカーというと通常の銀行マンというより投資銀行家を指すことが多いです。

彼らの視点から、ロングリスト上の買い手候補企業が本件に興味を示すだろうか、という意見を求めました。彼らのポイントは、さすが敏腕バンカー達と思える、簡潔だが深い経験と太いパイプを根拠にした、鋭い考えが整理されていました。

ゴールドマンで、このようなレスポンスの速さは日常茶飯事です。**多忙を極め、複数の案件が錯綜《さくそう》し、海外出張や重要会議でスケジュールがぎっしり詰まったトップバンカーであるほどレスポンスの速さは際立っています。**その理由は3つあります。

・そもそも効率仕事術を身に着けている人が結果的に出世している
・レスポンスの速い人ほど一流のプロフェッショナルという共通認識がある
・レスポンスの速い仲間を正当に評価する社内の人事システムがある

一日に受信するメールが100通で一定と仮定しましょう。返信をすぐにしようと、3日後にしようと、受信するメール数は変わらないとも仮定します。そうだとすれば、すぐに返信した方が相手にとっては都合が良いし、自分の目の前からも一つ仕事を片付けることができます。

結果、自分に対する評価も上がります。メールをすぐに返信しない理由は、実は見当たらないのです。

メールのレスポンスにおいて気をつけるべき3つのポイントをご紹介します。

① レスポンスのタイミングは、あなたの名刺と考える

返信を待っている相手にとって、あなたのレスポンスはあなた自身がどういうビジネスパーソンなのか、を物語る限られた情報の一つです。特に昨今は、メールやチャット等、相手の顔や声と接せずに一方的に送ることのできるコミュニケーション手段が多いです。メールについては、送り手は相手がいつメッセージを読んだかを確認する術《すべ》がありません。

待てども返事がなければ、メールが届いていないのかな、と不安な気持ちになります。別のメールアドレスを探してみたり、電話のタイミングを窺《うかが》ってみたり。相手に不要な手間や心配をかけないためにも、早目のレスポンスを心がけたいものです。

② 返信に時間がかかる場合は、その旨断りの短文メールを送る

外出中だから返信する余裕がないので翌朝返信する、というメールを送るだけでも、相手は自分のメールを大事に扱ってくれているという安心感を得ます。

③ 考えの整理が必要な場合は、敢えて一晩寝かしてから返信する

一方で、感情的な内容となる場合は注意が必要です。急ぎ返信することも大事ですが、メールは送信後消去することはできません。あとで後悔するような内容を送ってしまうリスクがあるような場合は、敢えて時間をかけて確認してから発信しましょう。

31 上司へのホウレンソウは先手必勝

「戸塚、例の件どうなっているの?」

甲高い上司の声がオフィスに響きました。少々苛立《いらだ》っているようです。3日前に指示を受けた、ある業界のリサーチについて状況報告をしろ、というリクエストでした。「例の件」という表現で、私には何の件かすぐにわかりました。なぜかといえば、私はその日の午後に中間報告をしようと考えていたからです。

午前中は別件のクライアントから電話があり、対応に追われていました。とは言いつつも朝一は比較的落ち着いていて、緊急の電話さえなければ、お昼前に上司に報告することができたはずでした。

上司のもとにいくと、矢継ぎ早に質問が飛んできました。私のリサーチ内容に厳しい突っ込みがありました。全体としてリサーチの出来はまずまずでした。決して厳しい質問を受けるようなものではなく、冷静に受け答えすれば、すんなりと終わるホウレンソウのはずでした。

それが間髪をいれずに質問が飛んでくると、たじろぐものです。その態度が、上司には自信のなさに映ったのでしょう。通常ならば3分程度で終わるはずの報告が、結果15分以上かかりました。報告が終わった後、私は汗ばみながら席に戻りました。

この出来事は、私がゴールドマンの新人時代に実際にあった光景です。ホウレンソウの基本ができていなかった悪い例です。

ホウレンソウの基本は、上司に聞かれる前にすることです。

上司に聞かれてから報告するのでは遅いのです。自ら先に報告をしにいくことで、ポイントを整理し論理立てて伝えることができます。準備がしっかりできているため、自信を持った受け答えができます。

逆に、聞かれてから答える場合は、瞬間的に状況整理をして伝える能力が追加で求められます。必然的に受け身の態勢になり、相手に伝わりにくくなります。突っ込まれて反論する。ディフェンシブな態勢になります。ホウレンソウは、受け身になる前の先手必勝が基本です。

上司の立場を考えてみましょう。仕事を任せた以上、部下に対して細かな注文をつけないように気を使ってくれているかもしれません。自ら報告にくるのを、今か今かと待ちながら、催促しないように心がけているのかもしれません。

部下の自主性と主体性を育てようと干渉を避けているのかもしれません。あるいは、上司によっては、単に感情的に報告を催促する人もいるでしょう。その場合は、上司の性質を考慮して気持ちが高ぶる前に報告に行く意識が大事です。

もし、すぐにホウレンソウをする時間がないのであれば、早目に上司のもとに行き、後ほど報告させて欲しいと断りに行くべきです。

外出してしまうようであれば、メモを置く、先に簡単な状況報告をメールで送る、などの対応をするべきです。大事なことは、上司に催促される前に自らが報告に行く、という先手の意識です。

32
ホウレンソウは仮説を入れて、念押し型でやる

念押し型のホウレンソウとは、

「私は○○と考えていますが、よろしいでしょうか？」

と、仕事の進め方について上司に念を押しながら相談することです。

念押し型ホウレンソウは仕事を効率的に進める上で必須なばかりか、あなたに対する信頼を高めてくれます。念押し型が板に着く頃には、より大きな責任ある仕事を任せてもらえるでしょう。

ホウレンソウとは「報告・連絡・相談」の3つの活動を組み合わせた略語です。つまり、「組み合わせ」の仕事であり、別々の業務ではありません。この3つは、単独で成立するものではないのです。常に3つの要素を含んでこそ、仕事が完結します。

連絡することだけが目的ではありません。報告することだけが目的にもなりません。連絡と報告なしで、そもそも相談はできません。

実際の順番から言っても、実は、ホウレンソウはレンホウソウです。連絡をして、報告をし、相談をします。報告は一方的なものではなく、相手の意見を聞き、軌道修正をし、賛同や承認を得る目的で行われます。

つまり、連絡をし、報告をして、同時に相談するプロセスを、いかに効率良くポイントをおさえて実現するか、が重要です。

ホウレンソウに仮説思考を入れる

念押し型ホウレンソウの鍵は、仮説思考です。自分なりに仕事の進め方に関して仮説を立て、結論を導きます。そして、ホウレンソウの際には必ず仮説と結論を用意してのぞみます。

冒頭のホウレンソウの例では、結論を述べ承認を求めています。必要があれば簡潔に述べられるよう、結論の根拠である仮説を整理しておきます。

ホウレンソウの一言に仮説を含めるべきケースがあります。それは、承認を求める上司の意見と自分の導き出した結論が異なる可能性がある時です。

その場合は、

「私は○○と考えています。理由は△△です。この方向で進めてもよろしいでしょうか？」

と、結論の後に仮説を一言付け加えます。それにより、上司から「なぜ？」と問われる時間を省けます。

そして、上司と自分の間でなぜ意見が異なるのかを重点的に議論できます。あなたのロジックに一定の説得力があれば、仮に上司の結論と違っていても、あなたを信じて任せてもらえます。

念押し型ホウレンソウを効率良くできると、周囲のあなたに対する評価は高まります。それは単にホウレンソウが上手になったからではありません。あなたの課題解決力、仕事の進め方、等に対する結論の導き方を信頼してくれるからです。そして、近い将来、より大きな仕事を任せてもらえるようになるでしょう。

33 忙しい上司のスケジュールに割り込む

ドアが開き、ビルのエレベーターから降りると、ホールで上司とすれ違いました。私は「おつかれさまです」と挨拶をし、廊下を進みました。上司はそのままホールに残り、階下行きのエレベーターを待っています。これからクライアント先に外出する様子です。

その時、私は進行中のプロジェクトのことを思い出しました。実は、その上司にブリーフィングする必要があったのです。ちょうどこれから、午後に少しの時間をもらおうと上司の秘書に連絡しようと考えていた矢先でした。

10歩ほど歩いたあと、私は急遽《きゆうきよ》反転し、上司がエレベーターに乗り込むところに、飛び乗りました。その後、私は上司がタクシーに乗り込むまでの3分間、エレベーターからタクシー乗り場まで隣を歩き、プロジェクトのホウレンソウを無事終えました。

その後わかったことは、上司はその午後から外出続きで翌日は出張、次に直接話ができるのは明後日の午後になることでした。

これはゴールドマン時代に実際にあった話です。いつもこんなふうに無計画でバタバタしているわけではありません。また、狙っていたところでタイミング良くホウレンソウのチャンスに遭遇するわけでもないでしょう。

割り込み力が仕事の鍵を握る

多忙な上司やチームメンバーの時間にタイミング良く割り込み、効率良いホウレンソウを実現することは時に重要なことです。多忙なチームメンバーのスケジュールがボトルネックとなり、仕事の進捗が遅れることは多々あります。まして、決裁権限を持つ上司へのホウレンソウはスキップできません。

一方で、多忙な上司の時間にタイミング良く割り込めるあなたは、他のチームメンバーにとって貴重な存在です。割り込み力は効率的な仕事術の鍵を握ります。

実は多忙な上司も、タイミング良く割り込んでくる同僚や部下を避けようとはしません。むしろ、そんなあなたに好感を持ち、高く評価することもあります。

その理由は人は頼られることが好きだからです。コンパクトな報告も嬉《うれ》しいもので

す。さらには忙しい人ほどその人の時間は公のもので、秘書が淡々とスケジュールを入れていきます。自分の時間でありながら、自らの知らないところでスケジュールが管理されます。

そのため、自分が気になるプロジェクトの進捗管理を十分しきれないこともあります。だからこそ、部下の側が自らの責任でタイミング良くホウレンソウをしてくれると助かるのです。

忙しい人のスケジュールに割り込む3つのコツ

多忙なスケジュールに効率良く割り込むための3つのコツをご紹介します。

①　自信を持って「割り込む」

相手は自分のホウレンソウを求めている、と自信を持ってのぞむこと。忙しい相手だからといって、遠慮する必要はありません。ホウレンソウは重要な仕事です。「私の話を聞いてください」と冷静かつ大胆な気持ちでのぞむことです。

② 常にホウレンソウできる準備をしておく

チームメンバー間で仕事の進捗状況を共有することは大事です。仕事の状況を適切に把握し、コンパクトに説明できるように、常に頭の中で整理しておくことです。いつでもホウレンソウできる状態を保つこと。実は、今何をすべきかがはっきりする効果もあり、作業の無駄を省くことができます。

③ コンパクトに切り出す

相手には、コンパクトに用件を伝えることが肝要です。「〇〇の件で、3分だけお時間をいただけないでしょうか」と切り出します。内容は前の項で述べた、「念押し型ホウレンソウ」を実践します。

自信を持って多忙な上司のスケジュールに割り込むことで、仕事の効率性が高まるばかりか、あなたへの信頼も高まります。

34 上司への経過報告は翌朝を狙う

マッキンゼーでコンサルタントをしていた頃の話です。

水曜日の午後5時、週の中日です。半日が過ぎ、いよいよ週の後半に突入します。プロジェクトの上司から声がかかりました。一つ仕事を頼みたいというのです。私はノートを手にとり、上司と共にホワイトボードのある小さな打ち合わせルームに移動しました。

上司は、その晩クライアントとの大事な会食を予定していました。あと1時間もすれば、オフィスを出る時間になります。そこで目の前の仕事を整理し、チームメンバーに仕事の分担を指示しているようでした。To Doが山積みで少々焦っている様子です。部下に指示を出し、早目に自分の手元から案件を手離れさせたいようでした。

急遽クライアントへの報告会議が来週火曜日午後に決まりました。急ぎ、報告資料を作成する必要があります。明日以降、実質的に木、金、月の3日間で用意しなければばなりません。

もたもたしていれば、週末2日とも潰れる可能性があります。コンサルティング会社には、平日手が回らなければ当然のように土日出社をする空気があります。土日を入れれば、計5日間の作業時間がある計算です。

要するに、私に報告資料の作成を任せたい、ということでした。まずは叩き台となる資料の骨子を作成し、上司と擦り合わせる必要があります。席に戻ると、自分はまずその後の作業スケジュールを練ることにしました。

私は、手元にあった他の仕事を8割ほど終了させ、残りを翌日午前中の作業としました。残業中は、夕方指示を受けた資料の骨子作成を優先しました。

そして、夜のうちに骨子作成を終え、資料を印刷し、上司の机の上にメモを添えて置いてから帰宅しました。同時に、メールでも資料を上司とチームメンバー宛てに送信しました。さらに翌朝早く出社し、上司が出社するころを見計らって直接ホウレンソウを済ませました。

仕事を引き受けたからには、7割方で構わないので翌朝にでもホウレンソウをすることが効果的です。仕事の効率性を上げるばかりか、あなたの評価も高まるでしょう。

その理由は3つあります。

①静かな環境で落ち着いてホウレンソウできる

朝一のオフィスは電話が鳴らず、人も少なく、ホウレンソウには適しています。頭の冴《さ》えている朝は議論も進むでしょう。

②必要な修正をする時間ができる

翌日に中間報告をすることで、方向性が違っていれば早目に軌道修正することができます。

③相手の期待値を超える

前日夕方に指示を出した仕事が翌朝にかえってくるというスピード感は、相手の予想を超えて、できる上司ほど喜んでくれるでしょう。

もし、その時手をつけるのを翌朝まで延ばしていたとしましょう。昼間になって電話がなり、打ち合わせが入り、結局手をつけられるのは翌日の夜になる可能性があります。そして疲れた頭と身体《からだ》に鞭《むち》をうち、翌日の残業中に取り組むことになります。

さらには翌日頑張れなければ、次の日の金曜日に仕事を持ち越すことになります。結果、自分とチームメンバーの週末は潰れてしまいます。

仕事を引き受けたら、すぐに手をつける。そして、相手の期待値を超えるスピードで仕上げる。結果、自分自身の期待値も超えます。精神的な好循環が生まれます。翌朝のホウレンソウを心がけることで仕事の効率性がぐっとアップします。

Chapter4 Summary

★ 仕事の指示はとにかくメモに取り、指示が終わったところで確認する

★ 新しい仕事はすぐ５分間取りかかり、計画を立て疑問点を潰しておく

★ レスポンスのタイミングは、あなたの名刺

★ 上司と意見が食い違う場合は仮説入りホウレンソウを先手必勝で行う

★ 忙しい上司だからこそ割り込みホウレンソウを実行する

★ 仕事を受けたら７割でいいので翌朝報告を目指す

Chapter

5

利益を生む資料と会議で貢献する

35
作った資料は「自分の商品」だと心得る

「コピーした資料をきちっと揃え直し、クリップを丁寧につけ直そう」

クライアントの役員向けプレゼンテーションを30分後に控えていました。慌てて資料をコピーし、クリッピングをして、タクシーに乗り込もうとしている時、先輩コンサルタントから言われた一言です。

正直あっけにとられました。私も比較的几帳面《きちょうめん》な性格であり、資料を丁寧に扱ったつもりでした。クリアファイルに入れて、折れ曲がらないように資料用の大型バッグを用意していました。

その日の会議のために過去1週間は徹夜に近い日が続き、十分に準備をしてきました。睡眠不足のせいもあってか、若干資料の扱いが雑だったように思います。時間ぎりぎりということもあり、遅刻を避けようとやや焦った部分もあったのでしょう。

たしかに改めて見直してみると、先輩に言われた通り数十枚に及び資料の端が不揃いで、止めたクリップの一部が曲がっていました。

雑な仕上がりの資料を見たクライアントには、徹夜続きで議論を重ねた提案資料として伝わらない危険性を感じました。

相手に残る印象を考える

先輩コンサルタントは、こう続けました。

「プレゼン資料は我々の商品。最後の最後まで気を抜かずに、受け取ったクライアントの期待を上回るように細部まで仕上げるべきだ」

マッキンゼーの先輩が言いたかったことは、どんなに内容が素晴らしくても、会議の仕切りがうまくても、クライアントの手元に残るのは紙の資料です。最初に受け取った瞬間に相手が見るものも、手元のペーパー資料です。後々まで残るものや第一印象がとても大事ということでした。

「たかが資料　されど資料」

プレゼン資料は伝わればいい、ほどほどに見栄えがよければいい、ではなく、完成したあなたの商品を納品する、という意識を大事にしましょう。

36
マッキンゼーがプレゼン資料に1色しか使わない理由

プレゼンテーション資料は3色以内におさめる。これが原則です。

資料作りも服装のコーディネートと同じです。青いシャツに緑のパンツ、赤い靴に、紫色のバッグの組み合わせは、そもそも服装のコーディネートの善《よ》し悪《あ》し、色のセンスの前に、色合いが多すぎて目がチカチカしてしまいます。

白いシャツに、グレーのパンツ、ベルトと同色の茶色の靴。一点だけ目を引くバッグを組み合わせるとセンスが光ります。プレゼンテーション資料も同じで、目立たせたい文章、際立たせたい図表、結論メッセージ等、目を引きたい箇所に、効果的に配色することが鍵です。

コンサルタントとしての仕事柄、多くのプレゼンテーション資料を目にする機会があります。クライアント企業が用意した説明資料を見ると、何を伝えたいのかわかりにくいと感じることがあります。

一見すると、カラフルなグラフィックにより、よくできた資料に思えます。しかし、説明を聞いてみると、メッセージがまとまっていないというケースは意外と多いものです。

見た目より中味にこだわる

マッキンゼーのプレゼンテーション資料は、白黒が基本です。**それは白黒でも、説得力のある資料を作成できるという自信の表れです。**

資料作りは、まず白黒で作成します。資料作成に悩む際にカラーリングを調整しようとするのは誤ったアプローチです。その場合は配色ではなく、文言、サポートデータ、図表の効果的な配置ができていない、と捉えるべきです。

さらには、文言やサポートデータというより、メッセージ自体に力がない可能性もあります。見た目にこだわる前に中味を改善するべきです。

まず骨太のメッセージを用意し、サポートとなる構成を作りあげましょう。資料は白黒からスタートし、最後に強調ポイントに配色を施します。これが理想となる資料作りのステップです。

37 資料は「紙芝居」と「3W」を意識する

資料作りは、まず全体の骨組みとなる構成から考えます。その際に、意識をする点は、3つのWです。つまり、Who（誰に）、What（何を）、Why（何の目的で）プレゼンテーションするのか。

3つのWを整理すれば、自《おの》ずとプレゼンテーションの流れが決まり、個別のページが決まってきます。3Wの明確化では、プレゼンテーションの「前振り」を予行することが役立ちます。

次に、紙芝居の要領で起承転結を意識しながら、資料の流れを作っていきます。

「前振り」とは、会議の冒頭に資料を開く前に行う一言のことです。

会議は挨拶から始まります。次に、出席者に対して（Who）、会議の経緯と目的（Why）、議論の内容（What）を頭出しします。スムーズな「前振り」をイメージできると、3Wが浮かび上がってきます。

前振りを想定する

自分が「前振り」をし、自分が作成した資料をプレゼンテーションするケースは実は多くはありません。

プロジェクトリーダーが「前振り」をし、マネージャーが中心にプレゼンする場で若手が資料を作成するケースでは、特に「前振り」意識が効果を発揮します。例えば、次のような「前振り」を想定してみます。

「本日は2度目の報告会へのご出席、ありがとうございます。前回会議でご指摘いただいた懸念事項に関して、改善を施した点を中心に進捗状況をご報告致します」

この場合は、前回会議に出席した人が相手ですので、資料には基本事項を含める必要はありません。会議の目的は、前回指摘された懸念を払拭してもらうことです。そのためには、自信を持って改善点を伝えることです。

自ずと、資料冒頭は、前回の指摘事項の振り返りとなり、改善点を明確に列挙し、前回との変化を示す資料構成になるでしょう。
具体的に3Wでは、次のポイントを意識します。

①Who（相手は誰か）

会議参加者の役職・立場、バックグランド、年齢等から、参加者の前提知識、賛成・反対の立ち位置を明確化します。議題に詳しい方であれば、細かな話に触れる必要があります。その逆であれば、基礎的情報をわかりやすく提示します。すでに興味を持っている潜在顧客に対する営業であれば、ポジティブポイントを強く押し出しながら、懸念点を予《あらかじ》め挙げて網羅性を示します。反対意見を持っている相手に対しては、相手の反対根拠に対応するデータを含めます。

②Why（会議の目的は何か）

潜在顧客に対する売り込みか、役員会での承認取り付けか、それとも投資家への業績説明か。売り込みであれば、強みを押し出す必要があります。承認であれば、潜在的な懸念点に触れるべきです。業績説明といった成績報告であれば、事実をデータで述べる必要があります。

③ What（何を伝えるか）

Who と Why から絞り込まれたポイントを、具体的な主要メッセージに落としていきます。メッセージを効果的に伝えるための起承転結を意識します。反対意見を持つ人がいれば、冒頭に結論を述べる形式は逆に相手の反論する意欲に火をつける可能性があり、逆効果の場合があります。その場合は前の方のページからロジックを積み上げ、最後に結論を述べる方法が効果的です。

「前振り」から、スムーズに資料に移り、違和感なく最後まで会議参加者が聴き耳を立て、引き込まれていく起承転結が、理想の骨格です。３Ｗを意識してまずはストーリーをしっかり作り上げましょう。

38 「マッキンゼーノート」で伝わる資料を作る

プレゼンテーション資料を作成する際に効果的なステップは、まず手書きで作成してみることです。一見、余分な時間がかかるように思えますが、実はこの方が結果的に良いものが出来上がり、時間も短縮できます。

裏紙を4~5枚に鉛筆と消しゴムを用意しましょう。ここでPCを立ち上げ、パワーポイントを開く必要はありません。むしろ、PCから一旦離れてしまった方が効果的です。

プレゼンテーション資料をパワーポイントで作成するのは、今や当たり前になっています。パワーポイントを使えばグラフィック効果により、それなりの見栄えの良い資料が出来上がります。

それでも、出来上がった資料にどこか一貫性がない、メッセージが弱い、わかりにくい、といった結果になる理由は、パワーポイントに頼り過ぎる点が挙げられるでしょう。頭に描かれる曖昧なイメージをパワーポイントに落とし込みながら、試行錯誤して資料を作成すると、このような結果につながります。

まずは紙と鉛筆を用意し、伝えるメッセージを明確にすることです。資料に描かれるチャートと呼ばれる図表は、あくまでメッセージをバックアップするためのデータでしかありません。

生のデータを資料に入れ込むのではなく、メッセージの根拠がはっきり見て取れるようにチャートを工夫することです。その時に、どんな図表があればメッセージが読み手にとってスムーズに引き出されるかに注目します。

つまり、資料作成はあくまでメッセージドリブン（主導）であるべきで、パワポドリブンではありません。

資料作りは下書きに時間を費やす

マッキンゼーのコンサルタントは、必ず手書きで資料作成を始めます。社内にはマッキンゼーノート（略称「マッキンノート」）と呼ばれる特製のノートがあります。

コンサルタントの机には、常に一冊のマッキンノートが用意されていて、使いきれ

「マッキンノート」の使い方

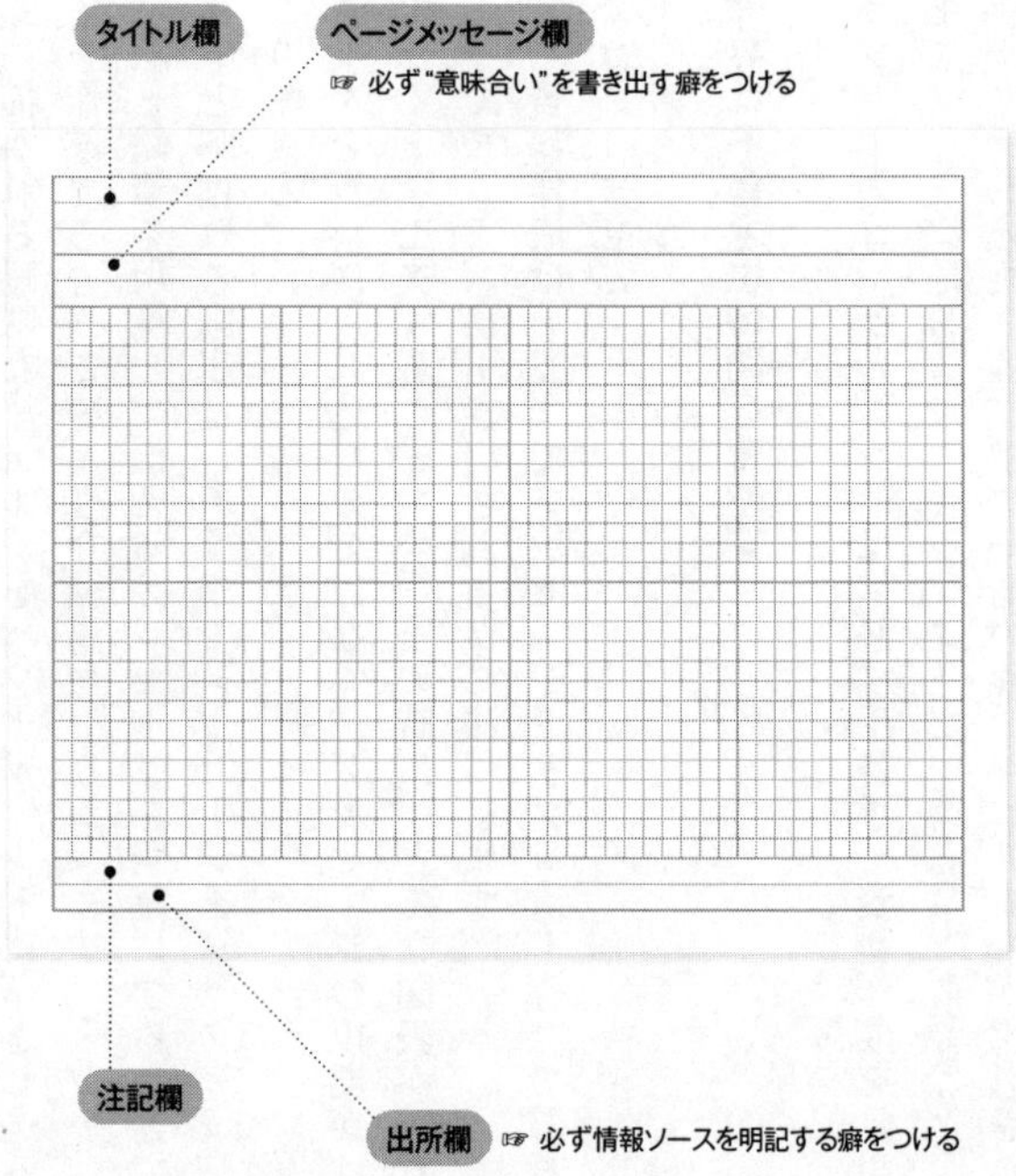

ば新たなノートをおろします。マッキンノートには升目が書かれ、図表の縦軸、横軸を正確に下書きできる工夫がされています。

マッキンゼーのコンサルタントは、マッキンノートに必ず鉛筆で書き込みます。なぜならば、図表の描き方で伝えるべきメッセージの読み取られ方が大きく異なってくるからです。図表を下書きする際には定規を必ず使います。適切なチャートに仕上がったところで、時に何度も図表を描き直します。

コンサルタントは、手書きで完成した下書きを用意してはじめてPCを開きます。コンサルタントにとって、パワーポイントの使い方はお手のモノです。ツールを自由に使いこなせるコンサルタントでさえも、資料作りの大半は手書きによる下書き作業に費やします。手書きで下書きをすることには3つの利点があります。

① 考えるプロセスに集中できる

デジタルツールに馴染《なじ》みのある人の中には、PCやタブレットを目の前で開いていても、〝考える〟ことができる人はいると思います。それでも、大半の人にとっては、手元のデバイスから離れ、紙と鉛筆を使う方が、脳が効率良く働くはずです。

②　作り直しが早い

鉛筆で描いたチャートであれば、すぐに消しゴムで消しての描き直しが可能です。パワーポイントで描くには、通常手書きの数倍かかります。不十分なものが出来上がれば、チャートの作り直しに余分な時間がかかることになります。描き直しを面倒に感じ、7割完成度のチャートで済ませようとしてしまう誘惑も生じるでしょう。

③　メッセージとチャートの本質にフォーカスする

手書きでも説得力のあるチャートを作ることが目標です。パワーポイントで配色を工夫して、それなりのチャートを作りあげ満足するリスクを避けられます。手書きにより中味にフォーカスできます。

手書きで下書きをすることを習慣付けてみてください。少々時間が余分にかかるように思いますが、結果的に、より早くより良いものが出来上がります。ストーリーが明確になり、根拠も強まります。さらには資料としてのみならず、当日のプレゼンテーションが、より説得力あるものになるでしょう。

39 「1チャート、1メッセージ」にこだわらない

マッキンゼーの資料では、「1チャート、1メッセージ」が徹底されています。各ページには、研ぎ澄まされた1つのメッセージがあり、それをバックアップするチャートが1つあります。1ページに複数のチャートが混在し、メッセージが分散されてしまうと、読み手には伝わりにくくなります。原則1ページに1チャート、1メッセージを徹底しましょう。

しかし資料の目的によっては、「1ページ、1チャート、1メッセージ」にこだわり過ぎないことが重要です。

プレゼンテーション資料は、全体を通して明確な結論としてのメッセージを持つべきです。それが資料の存在意義です。いわば木の幹のようなものです。そして、結論メッセージを論理付ける枝があります。それぞれの枝には明確なメッセージが込められ、それをサポートするデータの裏付けがチャートとして組み込まれるものです。

マッキンゼーに入社した時は、資料のシンプルさに心から驚きました。一見すると、派手さがなく、かなり古風な印象です。配色は白黒ベースです。文章において太字を使うことも少なく、目立たせる箇所に下線を引く程度です。

各ページの上段には、必ず1～2行のメッセージが記載されます。その下にタイトルが書かれ、さらにその下に1つのチャートが組み込まれます。

チャート自体も、よく見かける棒グラフや円グラフなどのシンプルなものが圧倒的に多いです。メッセージがそぎ落とされていて、チャートとメッセージの関連性がダイレクトです。曖昧な解釈の余地が残りません。

価値提供の源泉は何か

ゴールドマンでは投資銀行特有の派手な資料に目が慣れていたために、転職当時はそのギャップに驚きました。投資銀行業界ではカラー資料は当たり前です。上質な紙を使い、手に取った瞬間圧倒されるような資料が多いです。

この2つの業界の作る資料の違いは、価値提供の源泉が違うことに起因しています。

投資銀行の世界では、グローバルなネットワークに基づく業界の最新情報、豊富な経験に基づく知見、金融分野における専門知識、フットワークの良さ等が価値の源泉です。自然な流れとして、手に取った瞬間に伝わる知識の凝縮感や短期間で情報収集とリサーチをまとめ上げた瞬発力を示す資料が求められます。

一方で、戦略コンサルティング業界では、過去の経験則にとらわれずゼロベース思考で導き出した結論、事実とデータ分析の裏付け、結論を導き出す論理構成等が価値の源泉です。派手さよりもメッセージと論理の明確さにフォーカスした資料が求められます。

結論としては、資料の目的によって、1チャート、1メッセージの原則をどこまで貫くかが決まってきます。潜在顧客に対して、会社の実績をアピールし、安心感を与えるためには、カラフルな資料が望ましいでしょう。

その場合は、「1ページ、1チャート、1メッセージ」にこだわるよりは、所狭しと文章と図表の詰まった資料が効果的な場合もあります。逆に、明確な根拠のもとで相手を説得することが目的の場合は、1チャート、1メッセージを徹底しましょう。

1チャート、1メッセージのコツ

1チャート、1メッセージのコツは、「データを作る」という発想です。手元にあるデータをどう加工し、メッセージを引き出すか、ではありません。

まずメッセージを明確にし、そのメッセージを納得感あるものにするためには、どのようなバックアップ情報が必要か、という逆転の発想です。

そこから資料室で探すなり、グーグル検索するなりで見つかる情報があれば、それを元にチャートを作成します。

もし、データが存在しなければ、新たにインタビューをするなり、データとデータを組み合わせるなりして、メッセージを裏付けるチャートを作りあげることです。

資料作りでは、まずその目的を明確にすることです。プレゼンテーション資料の原則は、1チャート&1メッセージです。そして、資料の目的に応じて柔軟に対応することが重要です。

40 attention to detail を徹底する

明快なメッセージの打ち出し、的確なチャートの挿入、効果的な色遣い、流れの良いストーリー構成、どれをとっても申し分ない資料が出来上がりました。さあ、これから印刷しましょう。

と、いきたいところですが、ここで、最後にもう一度見直しましょう。

"attention to detail"（細部に注意をはらうこと）

私が、ゴールドマンでの新人時代に、耳が痛くなるくらい刷り込まれた一言です。

今でも鮮明に蘇《よみがえ》ってくる新人時代の光景があります。

午後に控えたクライアント向けのプレゼンテーション資料を作成し、上司のチェックを受けた時のことです。私が作成した資料には、上司の直しが書き込まれ、真っ赤になって返ってきました。全体構成、文章、図表の使い方など、細かな直しが入りました。

悔しいことに上司の指摘は的を射たものばかりでした。100%のものを用意したつもりでも、やはり上司の基準からは70%の出来でしかなかったのです。私は日々のこういったプロセスの繰り返しから資料作成のみならず、クライアントコミュニケーションの力を磨いてもらいました。

私は、資料を作成し直し、今度こそは100%と自信を持って上司に最終確認にいきました。5分後に戻ってきたペーパーには、またもや赤文字がありました。その中には、「てにをは」の指摘、文字サイズなどの間違いの指摘が含まれていました。そして、余白に赤ペンで“attention to detail!”とメッセージが書かれていました。

私は上司と自分の間に存在する大きな力の差を感じていました。業界の知識と経験、問題解決能力、クライアントへのコミュニケーション力、等々。しかし、自分が一番愕然《がくぜん》としたのは、資料の細部に気を配る注意力に差があることです。“attention to detail”を徹底するには、業界経験は必要ありません。**どれだけ集中力を高め、クオリティの高いアウトプットを生み出そうと高い意識を有しているかどうかの差です。**

“attention to detail”が不足している資料を手にすると、中味の善し悪しではなく、目指す仕事のクオリティが如実に出ます。小さな間違いのある資料からは、作成者の詰めの甘さと、仕事の不十分さが伝わってきます。

"attention to detail"のコツを紹介しましょう。

①統一感に注力する

言葉の表現、文字サイズ、フォント、色合いなど、こだわり始めるとキリがありません。注力すべき点は統一感です。タイトルは太字にするなら全て太字で統一する。メッセージに句読点を付けるなら、全てのメッセージに徹底する。ルールを明確にしましょう。

②最後に中味を無視して機械的に見直す

中味をレビューせず、「てにをは」、文字サイズ等、誤りをチェックする視点で読み返す。最後のレビューは、中味に意識をやらず細部の誤りチェックに集中することです。

簡単なようで、実は徹底するのが難しい。それが、"attention to detail"です。最後の5分に集中力を高めましょう。誤りがなくても褒められません。それでも、あなたの仕事力を物語るバロメーターが、"attention to detail"です。

41 会議で発言しないのは「欠席」と同じ

会議に出たら必ず発言しましょう。会議への出席者には、発言の権利が与えられているのではなく、発言の義務が課されていると考えるべきでしょう。

会議では、出席者全員に何らかの貢献が求められます。発言以外で特別な貢献ができるような例外を除けば（例えば、コピーを配る、議事録を取る、お茶を出す、等は貢献の一つです）、会議での貢献は、発言にあります。その意味では、発言のない出席者の存在意義はないと言っても言い過ぎではないでしょう。

マッキンゼーでは、大学を卒業したての新人にも会議での発言が強く求められます。プロジェクトでは、常に念仏のように「バリュー（価値）を出せ」、と言われます。**会議における「バリュー」とはまさに発言のことです。**さらに言えば、課題に対して建設的な発言をすることこそが「バリュー」であり、単に何かを言えばよいのではありません。新人は日々厳しく教育されます。教育といっても手取り足取り優しく導いてもらえるわけではなく、日々のチームミーティングにおいて意見を求められます。入社1年目からホワイトボードの前で仕切らされることもあります。結果、日々厳しいプレッシャーの中で、新卒社員の発言力が高まっていきます。

私は、MBAを取得してからの中途入社組です。ある時、クライアントミーティングにおいて、新卒3年目の若手コンサルタントの発言にサポートされた経験があります。ある金融機関の組織変革のプロジェクトにおける、クライアントとの打ち合わせでのことです。私は、クライアントから矢継ぎ早の質問を受けていました。

その時、隣に座っていた若手コンサルタントが意見を挟みました。彼にとって馴染みの薄い業界であり、知識に基づいた意見を述べるのは難しい状況でした。そこで彼は、クライアントの質問の要点を整理してみせました。

私は、コンサルタントとして論点整理をするべきところを、つい前職の知識に頼った議論に終始していました。その時のチームメンバーの飛び込みによって、会議の進行はよりスムーズになりました。新卒3年目の彼は会議で十分に存在意義を示し、プロジェクトに「バリュー」をもたらしました。

新人社員にとって、会議での発言は、最初のうちは容易ではありません。若手社員が会議で存在感を示すための2つのコツを紹介します。

①　会議の準備をしっかりする

会議のテーマ、出席者、目的を事前に確認し、入念な準備をすることです。もし、自分に馴染みのないテーマであれば、予習をしておくこと。議題に関して自分なりの結論と根拠を用意しておくのです。予習をした通りに会議が進むとは限りません。それでも事前準備は良い勉強になり、無駄には決してなりません。

②　自分なりの貢献を考える

会議に対して自分がどんな貢献が可能かを考えることです。馴染みのない業界であれば、部外者としての新鮮な視点を投じる。ビジネス経験が短ければ、敢《あ》えて消費者視点を持ち込む。若手社員はテクノロジーや通信分野に強いはずです。自分なりの貢献分野を探すと意外とあるものです。

会議において的を射た発言ができなかったとしても悩む必要はありません。**リスクを恐れて発言を控えるよりは一歩前進します。**そして、自分の貢献が不十分と感じたのであれば、さらに自己研鑽《けんさん》に励めば良いだけです。

42
会議では
ホワイトボードの前に座る

会議で存在感を示す方法としては、ホワイトボードでの仕切り役を率先して買ってでることです。ホワイトボードはチームの仕事を進める上で役に立ちます。なぜならば、会議参加者の意識を集中させることができるからです。

書いても消せる気軽さが、アイデアや意見を出しやすい環境を作り出します。さらには、視覚的にまとめ上げることができ、議論を整理するのに役立ちます。

マッキンゼーでの経験で、その後のキャリアで最も役に立ったスキルの一つにホワイトボードの活用スキルがあります。マッキンゼーのコンサルタントは、皆上手にホワイトボードを使いこなし、会議の仕切り役を務めます。

ホワイトボードを使いこなすには、一定のスキルが必要です。その中でも一番大事なものは、皆の意見を論理的に整理するスキルです。**そのためには、議論の本質を捉える力と、視覚的に表現する能力が必要です。**

では、どうやってホワイトボードでの仕切り力を磨けるのでしょうか？　それは日頃からノートの取り方を工夫してみることです。会議の進行中、ディスカッションのポイントを捉え、それをどうノートにまとめ上げるかを、日頃から訓練しておくのです。

ある私の経験を紹介しましょう。

それは、5人掛けのテーブルを7人で囲み、集中したミーティングが行われていた時のことです。事業戦略に関するコンサルティングプロジェクトでした。クライアント企業の会議室にこもり、プロジェクトルームとして活動を始めてから1ヵ月が過ぎていました。

普段は、マッキンゼー側のプロジェクトメンバーが比較的ゆったりと使わせてもらっていた会議室。その日はクライアント側のプロジェクトメンバーが加わり、熱い議論が繰り広げられていました。

7人が入れば、決して大きいとは言えないミーティングルームは、さすがに熱気を帯びました。テーブルの脇には、部屋の大きさに比べれば、かなり場所をとっているホワイトボードが置かれていました。

マッキンゼーに転職して間もない頃のプロジェクトでのことです。私は、隣に座っていた先輩コンサルタントのノートにふと目をやった時に、ある衝撃を受けました。それは、その先輩コンサルタントのノートの取り方です。

まるで、そのままプレゼンテーション資料に落とし込んでもいいくらい見事な図表を描きながらメモをすらすらと取っています。ミーティングでの討議内容を単なる文字でのメモではなく議論の本質を捉え、論理的に整理しながら視覚的にメモをしていたのです。マトリクスをさらっと書きあげ、縦の軸と横の軸が明確に議論の的を射ているものでした。

その先輩コンサルタントは、ホワイトボードでの仕切りも非常に上手です。議論の本質を捉え、論理的に整理をし、皆の意見をまとめていきます。会議出席者から、自然と意見やアイデアを引き出し、皆の意見として集約していきます。会議では見事にリーダー役を務めることができます。

会議をまとめるために必要なスキルとはなんでしょう？　3つのポイントに集約されます。

①　自分の意見を押しつけず聞き手にまわる

仕切り役の役割は自分の意見を一方的に披露し押しつけることではありません。

会議参加者の意見を引き出すことが求められます。聞き手にまわる意識が大事です。

②意見を引き出す適切な質問を投げかける

すでに出た他の参加者の意見をもとに、議論をさらに深めるための、質問を投げかける意識が重要です。自分の意見は、意見として発するのではなく、他の意見を引き出す材料として質問形にして投げかけてみることも効果的です。

③意見の本質を捉え視覚的にまとめ上げる

複数の意見の本質を捉え、視覚的にまとめ上げる力は、まさに日頃のメモ取りの意識で強化できます。

彼のノートを覗《のぞ》き見してわかったことは、日頃からその先輩コンサルタントは、議論の本質を見抜き、ポイントを押さえ、視覚的にメモを取る心がけをしているようでした。その訓練がホワイトボードでの視覚的な表現の上手さと、ファシリテーションの能力につながっているのでしょう。

ホワイトボードでの仕切り役に自信を持てるようになれば、チームへの貢献方法は広がります。あとは席さえ空いていれば、いつもホワイトボードの前に座るべきです。

そして、会議を仕切る役を買ってでましょう。必ず貢献度合いが高まります。

Chapter5 Summary

★ プレゼン資料は、デザインの装飾なしでテキストに力があるかを徹底的に考える

★ 資料作成は「前振り」を意識して行う

★「1チャート、1メッセージ」のコツは、メッセージに沿って「データを作る」という発想

★ 文書の中味がまとまったら、attention to detailを徹底する

★ 会議ではつたない意見でも、リスクを恐れて発言を控えるよりは一歩前進

★ ノートの取り方を意識することで、ホワイトボードのスキルも上がる

Column ❷
外国人との会議における存在感の出し方

戦略的に役取りをする

外国人との会議では、語学の壁が立ちはだかります。ノンネイティブスピーカーとして、いかに存在感を示せばよいのでしょうか。実は、外国人との会議では、戦略的に役回りを見つけることが鍵になります。

会議の役回りは、大きく3つに分類できます。

① 議論主導役（叩《たた》き台となる意見発信を主導する役）
② 合いの手役（叩き台の意見に対して、反論したり合意したり意見を重ねていく役）
③ 意見整理役（皆の意見を整理し集約した結論に導いていく役）

さらに、発言内容も3つに分類できます。

A　知識集約型意見（ある知識に基づいた発言）
B　アイデア集約型意見（ある新たなアイデアを提供する発言）
C　論理整理型意見（論理を整理する発言）

役回りと発言内容を掛け算すれば、発言による貢献方法にパターンが生じます。
例えば、次のような組み合わせが考えられます。

・豊富な知識をベースに、自分の意見を投げかけ、議論をリードしていく人（①×A）
・他人の意見に新しい発想を重ねて内容を深めていく人（②×B）
・皆の発言の因果関係や前提に耳を傾け、意見を集約していく人（③×C）

外国人との英語による会議では、日本人同士の会議とは様相が変わります。
日頃、日本人同士では、議論主導役（①）として知識集約型意見（A）でリードするビジネスパーソンも、英語となると、語彙力と表現力が不足し思うように発言できないことがあります。語彙力不足のまま、日本語と同様の議論を展開しようとすれば、話せば話すほど伝わらなくなり、ドツボにはまることもあります。また、相手がネイティブスピーカーでかつ口数の多い国民性であれば、一層議論がまとまらなくなります。

外国人との会議では、自分の頭のモードを切り替える方が賢明です。自分が議論を主導すべき立場の場合は、最大限の努力をする必要があります。入念に準備をし、一定レベルの主導的発言を試みることです。しかし、外国人とのコミュニケーションにおいては、自分の現実的限界を受け入れる方が良いでしょう。

日本人は元来、ふわふわした根拠のない意見を発することに抵抗を感じる人が多いと思います。自分の発言にはしっかりとした責任を持つ。能ある鷹《たか》は爪を隠すではないですが、自分の知識や経験を過度にひけらかすことにも抵抗を感じます。また、相手の意見に真っ向から反対し、持論を通すことを好まず、意見衝突を回避しようとする傾向も強いです。

したがって、外国人を交えた会議では、日本人が自然と議論の聞き役になるケースが多いです。それでは、早口でまくし立てる中国人やインド人とどう議論を進めるべきでしょうか？　いかにして自分の存在価値を示せば良いのでしょうか？

鍵は、意識して議論の論理構成や因果関係を注視し、議論整理役（③×C）として貢献することです。

What if ? を活用する

議論整理役（③×C）として、効果を発揮するのが「What if ?」です。
What if ? とは、議論の前提条件が変わったときに、結論がどのように変わるか、という視点を提示する、きっかけとなる問いかけのことです。例えば、次のように使います。

「What would the conclusion be if A happens?」

（もし、Aが起こったら、我々の結論はどのように変わるだろうか？）

「What would you respond to the issues if your assumption changes?」

（もし、あなたの前提条件が変わったら、課題に対してどのように対応しますか？）

「What if?」は、効果的に投げかければ、新たな意見や視点を生み出すパワフルな原動力となりえます。議論が白熱すればするほど、前提条件があいまいになり、前提条件の共有が不足しがちです。

また、ある結論に達しそうな最終段階で、「What if?」を投げかけることで、結論の確からしさをダブルチェックすることもできます。

「What if?」を投げかけるためには、英語で行われている議論の根底に注意を払う必要があります。その場合、知識やアイデアをベースとした細かな議論の一言一句を把握できなくても、対応することが可能です。

なぜならば、議論を大局的に俯瞰《ふかん》し、それぞれの発言内容の前提条件、因果関係を大まかに捉えていけばよいからです。

細かな知識や語彙不足によるハンデは相対的に小さくなります。大局的に議論の因果関係を捉える視点は、会議においてとても重要です。発言者も実は自分の前提条件を理解せず、論理構成の弱さに気づいていないことが多いのです。

長いコメントはいらない

ＨＢＳの授業は、実在する企業や個人のケーススタディをディスカッションで学んでいきます。クラスルームは多様な出身国の学生で埋め尽くされます。このように外国人の多い場では、口数の多い国民性とそうでない国民性がはっきりでます。

クラスメートで口数が多かったのは、インド人、エジプト人、アメリカ人、中国人、逆に口数が少なかったのは、スイス人、韓国人、日本人、チリ人、ブルガリア人。言語能力にもよりますし、きちっとした統計を取ったわけではないのですが、ある程度は平均的な国民性が反映されている結果と言えると思います。

ＨＢＳの授業では、毎回議論が白熱します。そこにおいて、教授からも学生からも評価される発言は、実は、白熱する議論に新たな視点を投じる一言です。それは決して長いコメントである必要はなく、知識に基づき、流暢《りゅうちょう》な英語で持論を展開することでもありません。そこで一番役に立つのが、「What if ?」なのです。

「What if ?」とは、議論の因果関係に着目し、結論の前提条件に疑問を投げかけることを意味します。

発言者の意見がその場で主体的なものになった時に、敢えて一度前提条件に焦点をあてて結論の確からしさ、論理構成を確認し、新たな意見やアイデアを生み出す場を作ることで会議での存在感を大いに高めることができるでしょう。

Chapter

6

世界に打って出る

43 愛国心をパワーの源に変える

「愛国心」という言葉に眉をひそめる人がいるかもしれません。しかし私は、健全な愛国心は必要と考えています。時に自分に大きな力や自信を与えてくれます。健全な愛国心を積極的にパワーに変えることです。私の体験を紹介します。

ＨＢＳの同学年全員である９００人が大講堂に集まった時のことです。前列の席には、ハーバードに所属する名だたる経済学者、経営学者、政治学者、日本研究分野の教授・専門家達が座っていました。

壇上に立つのは、当時のハーバード大学総長であるローレンス・サマーズ博士。クリントン政権時代に財務長官、オバマ政権の国家経済会議（ＮＥＣ）委員長を務めた気鋭の経済学者です。サマーズ博士はノーベル経済学賞受賞者を輩出している家系で、20代の史上最年少でハーバードの教授に昇進した経歴の持ち主です。世界的なエリート中のエリート。ハーバードコミュニティのドンといってもいい存在です。

延々と続いた「日本」へのダメ出し

約1時間にわたりサマーズ氏は、いかに日本経済が根本的なシステム上の問題を抱えているか、滔々《とうとう》と持論を展開しました。「バブル期に世界を席巻《せっけん》すると騒がれた日本型のシステムには、以前から自分は警鐘を鳴らしてきた」。持論がいかに正しかったかを自信満々にまくしたてました。まさに全ての時間を「ダメ出し」に使いました。

彼のプレゼンテーションが終わると、質疑応答に移りました。私は真っ先に立ちあがり、手を挙げました。彼のスピーチを聞きながら質問ポイントを手元のメモにまとめていました。それを持って会場の前に出て、立てかけられたマイクの前で数人だけが許される質問者の先陣をきりました。

「日本経済が失われた15年（当時）からどう立ち直れるのか、処方箋としてのあなたの考えを聞かせてください。今日のスピーチは印象深かったが、解決策が提示されていなかったように思います。解決策としてのアイデアを聞かせてください」

これが私のポイントでした。しかし、その後サマーズ氏が繰り返したのは、やはり持論の展開でした。残念ながら、解決策らしいものは提示されませんでした。政治の世界や国際会議などで幾多の経験を積んでいる氏は、こういった質問のかわし方には長《た》けています。

私の指摘はさらっと流され、またもやダメ出しが続きました。残念ながら、自分にはその場でサマーズ氏の論点をさらに鋭く突き、建設的な意見を引き出す能力が欠けていた、と言わざるをえません。

国を思う心がモチベーションになる

これは、ＨＢＳの必修科目であるBGIE（Business, Government and the International Economy、略称ビギー）のクライマックス授業の光景でした。通常は、９００人のクラスメートが10クラスに分かれ、それぞれの担当教授のもとでケースディスカッションに臨みます。

日本経済をテーマにしたケーススタディ教材は名物ケースとなっていて、長年BGIEの中心ケースとして取り扱われてきました。学期の真ん中に、"Japan: The

Miracle Years"と題した高度経済成長期のケースを取り上げられます。

この年はBGIEの最終授業で、"Japan: Beyond the Bubble"と題した、別のケースも扱いました。このケース議論を仕切ったのがサマーズ氏でした。

私は、その時のサマーズ氏の論点が世界中から集まったハーバードの学生や研究者に大きく影響することに悔しい想いで一杯でした。サマーズ氏に対して英語でしっかりと反論できない自分にもどかしさも感じました。

結局、世界中の世論は英語で論じられた主張が形成します。日本語でいくら声高に意見を発しても誰も聞いてはくれないと痛感した瞬間でした。

1000人を超える出席者が会する場で、ハーバードコミュニティのドンでもあり、アメリカ資本主義の象徴であるサマーズ氏に質問し反論をするというのは、なかなか勇気のいることです。

それでも自分が無心に近い状況で手を挙げていたのは、日本人としてのプライドからでした。いわば、健全な愛国心がパワーにつながった瞬間でした。そして、この経験から卒業後帰国してからも、自分の英語力を高める努力をしていく必要性を痛感しました。矛盾しているように聞こえるかもしれませんが、健全な愛国心が私に英語の重要性を再認識させました。

44 英語は「ペラペラ」よりも論理コミュニケーション力

英語学習の売り文句で、「いつのまにか英語がペラペラに」のようなものを頻繁に目にします。この場合の「ペラペラ」とは、流れるように英語が口からでてくるイングリッシュスピーカーのことです。これは日本人の英語に対する会話偏重、発音偏重、ネイティブ偏重意識が強い表れではないでしょうか。

ゴールドマンやマッキンゼーで評価される日本人プロフェッショナルは皆英語を日常的に使いこなしますが、多くの人が「ペラペラ」ではありません。

プロフェッショナルの英語3つの特徴

使いこなすというよりは、英語を使えなければ仕事ができない職種です。まさに英語は必須のスキルです。ネイティブスピーカーを除くと、グローバル・ファームの日本人プロフェッショナルの英語には3つの特徴があります。

①　日本語アクセントが強い

日本語訛《なま》りが抜けないのは、ある一定の年齢になってから英語を身に着けたためです。ある部分しょうがないといえます。しかし、英語の発音として決定的に重要な音の区別、例えば、L、Rといった音を正確に発音することができます。

②　読む、書く、聴く、話す、の4スキルの基礎がしっかりしている

日常業務では、社内の公式ドキュメントが英語のため、常に英文を正確かつ迅速に読む力が求められます。日常的に英文でのメールのやりとりがあり、資料を英語で作成します。つまり、高度な読解力と作文力が求められます。

海外オフィスとの電話会議は日常的で、世界中に散らばる海外プロフェッショナルの強く訛った英語を正確に聞き取り、内容を深く理解する必要があります。そして自分の考えを論理的に伝えるオーラルコミュニケーション力が必要です。

つまり、英会話力が突出しているのではなく、総合的に英語力の基礎がしっかりしているということです。

③ 論理的かつ堂々とコミュニケートする

自分の英語力に自信がなく躊躇《ちゅうちょ》している余裕はありません。日本語アクセントが残るものの、しっかりとした文法で論理的に、堂々と発信することが求められます。グローバルに評価されるプロフェッショナルは、論理的かつ堂々と自己主張するスキルが高いです。

ビジネスの場で英語を使いこなすためには、「ペラペラ」の呪縛から解放されなければなりません。発音や会話への意識が強すぎると、堂々と論理的に自己主張する前に日本語アクセントが気になってしまいます。

さらには、英語の総合的な基礎力向上を目指す学習が疎《おろそ》かになる傾向があります。ビジネス英語とは何か、を再定義することが、英語力アップの秘訣《ひけつ》といえるでしょう。「ペラペラ」意識から解放されることが鍵です。

45 英語上達は目標を明確に短時間で成果を出す

ビジネスで使える英語を身に着けるのであれば、まず当面の目標を明確に設定すべきです。わかりやすい目標としては「TOEIC900点」が良いでしょう。

高い目標に聞こえるかもしれません。しかし、日本の受験制度のもとで中学、高校と英語を学んだ人にとっては、短期集中型で付加的努力をすれば誰もが到達できる水準です。

語学スコアが高くても実践的な英語力が低い人もいるし、逆に実際のビジネスの場である程度英語を使いこなしていてもスコアが低い人はいます。語学テストのスコアはあくまで参考値です。

しかし、過去のデータ分析の結果であり、受験者を平均的にみれば実践的英語力とスコアには相関関係があります。

何かを学ぶ際には資格試験を中間指標とすると効果的です。最終的には、使える英語を身に着けたかどうかは、自分が自信を持ってそう言い切れるかどうかです。とはいえ、日本人の多くは英語のノンネイティブスピーカーであり、永遠にネイティブスピーカーにはなれません。つまり100点満点はとれないのです。

さらに謙虚な国民性も合わさり、自分は英語ができる、と自信を持って言える人は数少ないです。

だからこそ、自分に一定の自信を与える何かが欲しいのです。実際に英語を使う場に直面した際に、自分は英語ができない、と言い訳ができないレベルに達することも大事です。結局、語学は使い続けて初めて身に着くものだからです。

その意味で、TOEIC900点は、自信を与える意味でも、言い訳できない環境を作る意味でも、相応《ふさわ》しいターゲットです。

ゴールドマン、マッキンゼーのプロフェッショナルのTOEICスコアは、900を大きく超えています。日常的にビジネスで英語を使っているプロフェッショナルにとって900は最低ライン。グローバル人材の入口と言えるでしょう。

英語を学び直すには、3つのコツがあると考えます。

① 目標を明確に設定する

目標は低過ぎては意味がありません。曖昧では成果を感じられず、進捗管理もできません。客観的な基準を明確にすべきです。TOEIC900を目標にすることがわかりやすいです。

② 短時間で成果を上げる

長期目標を設定する一方で、一定の成果を短期間であげなければ続きません。ビジネス英語の使い手としてのビジネスパーソン像を中長期の目標とし、短期的にTOEICスコアを目標にすると良いでしょう。毎日必ず英語に接し、一気に短期成果を上げるというのがより効果的です。

③ 英語の構造を意識して基礎から学ぶ

大人になってからゴルフを学ぶ人は、本を読んでスイングの理論を学びます。英語も幼少期の英語習得と大人の学習方法は異なります。聞き流し、読み流しでは身に着きません。辞書をしっかり引きながら近道を目指さず学ぶことです。

46

今より一つ上のポジションを意識して仕事をする

グループリーダーに昇進するなら、昇進前にグループリーダーが務まる能力を示す。部長に昇進するなら、課長時代に部長の力を証明する。これがあるべき姿です。組織は、ある個人を昇進させ、さらなる大きな責任を与えてから、その個人が機能しないリスクはとりにくいものです。もちろん、中には新聞紙上を賑わすような「10人抜き人事」もあります。しかし、こういった抜擢《ばってき》人事も、実はその人が過去既にその人事に相応しいだけの実績を示しているケースが多いです。

リーダーシップとは役職ではなく、実際の指導力と統率力のことです。**部長になったからリーダーシップが身に着くのではなく、リーダーシップがあるからチームや組織を率いるポジションにつくのです。**

ゴールドマンやマッキンゼーでは、公式に昇進が決まる前に昇進後の役職を務められる力を示すことが求められます。

投資銀行で言えばマネージング・ディレクター、コンサルティングファームであればパートナーという組織のリーダーに選出されるには、最低でも過去1年の間に、相応の能力があることを日々の業務で証明する必要があります。

ゴールドマンではヴァイス・プレジデント（VP）、マッキンゼーであればアソシエイト・プリンシパル（AP）時代に、マネージング・ディレクターやパートナーと同様にプロジェクトリーダーを務め、成功裡《り》にプロジェクトを導くことができて、晴れて昇進できるのです。

マッキンゼーでは、エンゲージメント・マネジャー（EM）と呼ばれる、一般的にはプロジェクト・マネジャーに昇進する前には、平コンサルタントがジュニアEMという呼称で、マネージャーの役割を任されます。そこで、プロジェクト・マネジャーとして十分な評価を得て初めて、EMに昇進できます。

自分の360度を意識する

ゴールドマン、マッキンゼーの社内評価基準で共通している点は、360度評価が導入されていることです。これは、上司、同期・同僚、部下の前後左右360度から、過去1年間の働きぶりを細かな項目ごとに評価され集計されます。

上司にばかり良い顔をしているプロフェッショナルは、部下から厳しいコメントと評点が下されます。担当クライアント企業の経営陣に良い顔をし、若いプロフェッショナルに必要以上の仕事や非体系的な作業を強いるようなプロジェクトを率いるパートナーは、当然部下から厳しい評価を受けます。公平かつ広範な視点から評価され、実績によって力を証明できて初めて昇進することができます。

常に、一つ上の役職を意識して仕事をするのは、昇進を確実なものにするためだけではありません。**一つ上を意識する、自分の届くぎりぎりのところまで背伸びをする、筋肉が心地良いぎりぎりのところまでストレッチする。**これによって自分自身の成長速度が速まります。

そろそろ君ももっと大きい責任を背負ってもらいたい、と言われる前に、自ら責任を背負うのです。そうすることで視点が高まり、自分に何が足りないかが明確に見えます。早め早めに自分の長所を強め、欠点を補い、キャリアを積み上げていけます。背伸びをすることは、キャリアアップにおいてはとても重要なことなのです。

47
会社は「退学」せずに「卒業」する

私がいつも楽しみにしているイベントがあります。それは、定期的に開催されるマッキンゼー仲間との同期会です。

最近では、理由があり（理由はあとで述べます）頻度が減りつつあるのですが、同期の友人達と集まる機会は刺激をもらう絶好の機会です。皆、知的でエネルギッシュ、世の中にポジティブなインパクトを与えようと常に高い視点を持っています。素晴らしく優秀な仲間です。

実は、この同期会、開催理由があります。**それは、同期の誰かがマッキンゼーを退社する際に「卒業式」として開催される仕組みなのです。**会社の特徴として、コンサルタントの第一線で活躍するキャリアから新たな職場に移り、マッキンゼーでの経験を新たなチャレンジの場で活《い》かそうとする人が多いです。

そのため、入社して3年をピークにマッキンゼーに在籍している同期より新たな職場に移った同期の比率が高くなり始めます。結果、同期の卒業式を開催する頻度は入社3年目あたりが最も高く、以後徐々に減って行くのです。

強い結束を持つマッキンゼー卒業生

マッキンゼーでは退社する際に、「卒業」という言葉を使います。そして、元マッキンゼーの社員達を、卒業生（英語で、アラムナイ）と呼びます。世界中の様々な業界で活躍する元マッキンゼーの出身者は、お互いを助け合い、強力な結束力でつながれています。

私は、退職を「卒業」と呼ぶ表現が好きです。それは、私自身が転職を奨励しているというわけではありません。一つの会社に留《とど》まり、経験を積み上げていくキャリアは一つの選択肢としてあると考えています。

会社を辞める際の理由は様々です。社内の人間関係が合わず新たな職場を探す。ステップアップを求めて自分にとってチャレンジの多い職場に移る。そして、結果稼ぎが上がる。あるいは体調を崩し、仕事の継続が難しいというケースもあるでしょう。

また、女性であれば、結婚を期にフルタイムの職場から離れるという選択肢もあります。私の場合は、最初の会社（ゴールドマン）はＨＢＳに私費留学をするため、2つ目の会社（マッキンゼー）は独立起業するために退職をしました。

会社を辞める際に大事な点は、「中退」をせず「卒業」するという考え方です。退職理由が前向きなものでないことは多々あります。新たな職場で一からやり直す、チャレンジをし直す、というケースはあるでしょう。

その際も会社の同僚全員から支持はされないまでも、少なくとも一部の人から応援して送りだしてもらうような一定の要件を満たすことが大事です。成績優等ではなくとも〝卒業証書〟を手にして旅発《だ》つことです。

卒業証書が大事な理由は2つあります。

①　前職の同僚は貴重な財産

前の会社での評判はその後のキャリアにおいて、あなたがずっとつきあっていかなければならないものです。世界は狭く、どこかで人はつながります。逆に、前職での同僚、上司、先輩、後輩は、その後の人生において、あなたの応援者となってくれるかもしれません。

転職してしまえばリセットされる、という安易な気持ちで中途半端に仕事を終え、転職を繰り返すことはキャリアのプラスには絶対なりません。

②自分の中で「逃げた」経験を作らない

次の職場で新たな実績を作れば良い、と考えたところで、前の職場で中途半端にこなした仕事は、あなたの記憶の中に留まりつづけます。何らかの言い訳を自分にし、逃げるように会社を変えた場合は、自分自身すっきりしないでしょう。自分に嘘《うそ》をつくことはできません。

会社を辞める際には、必ず卒業する。そして、卒業するためには、特に②のポイントを意識することです。自分の中で、「逃げた」と感じる部分がなければ、元同僚の中には必ずあなたを支持してくれる人がいるはずです。

逆に、どんなに取りつくろってみても、自分自身納得できずに会社を去るときには、あなたを応援してくれる人は多くないでしょう。

48

「自分ノート」を肌身離さず目標管理をする

私は、常に一冊の「自分ノート」をカバンに入れて持ち歩くようにしています。これが、実は自分の目標管理にとても効果があります。

大きなノートである必要はありません。形式にもこだわりません。とにかく、思いついた時にとりあえずメモをする。忙しくなったらTo Doリストを整理する。明日の持ち物をメモしておく。そして最も効果的だと思うのは、中長期の目標管理です。

私がノートをつけ始めたのは、ゴールドマン・サックスを辞めて私費留学しようと決める1年ほど前の頃です。つけ始めたきっかけは、仕事に追われる中で自分のタスク管理をするためにプロジェクトごとに分けている複数のノートとは別に、自分用のなんでもノートを用意したことでした。

プロジェクトが本格化するまでの間、予備調査的な仕事が発生することがあります。その場合も1冊の専用プロジェクトノートを用意するまでは自分ノートで管理するようにしました。

備忘録や To Do リスト作りのために開いたノートの余白に、その時思いつく自分の将来像やそれまでの中間目標を書き込みました。目先の作業リストを作成するだけだと、つい目線が近視眼的になります。時々自分の目線を上げるために目標を思い出すのです。

数ページ前をめくって、何日か前に書きあげた目標を見返しても良いです。私が良くやるのは、若干非効率に思えますが、その日書きあげた目標を改めて箇条書きで再整理することです。このノートが、多忙な業務の中で当時目標としていたHBSへの留学実現に役立ちました。

① 同じことでも何度も書き出す

ノートを読み返すことを目的とせず、書き出すプロセスを重視しています。半年前、1年前に書き出した目標を見返してみても、目に映るだけで心に響きません。結果、目標の実現に向けたドライブがかかりません。その時、その時の気持ちを反映して、再度目標を書き出してみます。書き出すプロセスが、身体の中に目標を染み込ませ、「やるぞ」という気持ちを奮い立たせてくれます。

②状況に応じて細部は変更しても構わない

細かな部分は、その時その時の状況に応じて、軌道修正します。半年前に設定した目標に向かうペースが順調でないとすれば、その場で新たにタイムスケジュールを修正します。大事なことは、中長期の幹となる目標をしっかりと見定めることだと考えています。

留学中は日々の授業での学びを整理することに使いました。卒業してしばらくしてから独立起業したいと考えていたため、思いつく事業アイデアを書き綴《つづ》ったりもしました。そして、帰国後コンサルタントとしてプロジェクトに従事する際も、留学前と同様に、自分ノートをつけ続けました。

社会人4年目以来、自分ノートの過去のストックは今では20冊以上になります。大体1年に2冊位のペースです。表紙に時期を記してあります。5年前にメモしたことを忘れたな、と思えば、その頃のノートのページをめくってみます。

備忘録的に余白に書いてある情報が役に立ったりします。自分が5年前にどんな目標を設定していたかを見る機会は、良い振り返りにもなります。

中期目標の再整理によって日々自分のモチベーションを管理することができます。週の中頃になり、ふと気持ちが緩むことがあります。そんな時は5分だけノートを開きます。そして、何のために目の前の仕事に取り組んでいるのか、次に自分がやろうとしていることは何か、を再確認できます。

仕事で成果を最大化できるかは、自分自身のメンタルをコントロールできるかどうかにかかっています。頭や気持ちが混乱した時はまず紙に書く、これがとても効果を発揮します。フォーマットは自分なりに使いやすいように工夫してみてください。

Chapter6 Summary

★ 世界の舞台では「日本代表」であることを忘れない

★ 実用英語は「ペラペラ」よりも論理性と堂々とした態度が大事

★ 英語上達は期間を区切って、まずTOEIC900点を目指す

★ 現在のポジションの一つ上を意識する。自分の届くぎりぎりのところまで背伸びをする

★ 転職はリセットではない。退学ではなく卒業の意識を持つ

★ 中長期の目標管理には「自分ノート」を作って愚直に書き込む

「基本」に立ち返ることの価値

情報メディア企業トムソン・ロイター社の元CEOトム・グローサー氏は、次のように語っています。

「私たちの多くは、2〜3年といった短期的期間に、テクノロジーがもたらす変化を過大評価し、10年超の期間において、ビジネスやマーケットにもたらす変化を過小評価する傾向がある」

(Many of us have a tendency to overestimate what technology can do in the short run, say two to three years, and underestimate what technology does to all of our businesses and markets over 10 years.)

起こるべき変化は、必ずやってきます。

2~3年といった短期の期間で、予想した変化が到来しなかったとしても、10年超の中長期的な視点でみれば、起こるべき変化は、必ずやってくるということです。

これは、変化の源泉がテクノロジーに限ったことではないでしょう。

自動運転がもたらす変革にどう対応するか。この変革は、10年超の中長期で考えれば、必ず到来します。

AIがもたらす社会の進化は、自動運転の分野にとどまりません。今後、無数の変化がやってきます。

少子高齢化による社会の移り変わりは今後も続きます。

残念ながら、首都圏を直撃する大地震は、必ず起こると言わざるを得ないでしょう。

自然災害がもたらす変動に対しても、備えておかなければなりません。

では、このような変化に備えるためには、どうすれば良いのでしょうか?

それは、まず、変化の大きな流れを見定めることではないでしょうか。そして、次に、「基本」に立ち返って行動することでしょう。つまり、先行きが不透明な時代に役立つ指針とは、原理原則に立ち戻り、起こりうる変化を真っすぐに直視し、やるべきことをやる、ことではないでしょうか。

本書が単行本として刊行されてから7年が経過し、この度、文庫版が出版されることとなりました。これも、急激な世の中の移り変わりの中で、原理原則＝「基本」に立ち返ろうとするビジネスパーソンの方々が多いということなのでしょう。

本書のテーマである世界のエリートが実践する「基本」は、国内で仕事をするビジネスパーソンにとっても有用と考えています。そして、今後は、国内と国外という垣根が急速に取り払われていくでしょう。さらに、変化に対応する普遍的な力としての「基本」の大切さが、一層見直されていくものと考えています。

ここで、今現在の私自身の取り組みについて、書かせていただきたいと思います。

私は、日本人ビジネスパーソンが、グローバルな舞台で活躍をするために必要なコミュニケーション力強化を支援する活動をしています。日本国内には、世界市場で成功し得る、魅力ある商品・サービスが溢れています。

しかし、現実には日本発の商品・サービスのグローバル化は一部を除き、その潜在力が100％活かされていません。その最大の理由として、私は、グローバル市場で成功するために必要な説得力あるコミュニケーション力が、私たち日本人ビジネスパーソンに十分に備わっていないからであると考えています。

私が代表を務めるベリタス株式会社は、短期集中型の実践ビジネス英語プログラム「ベリタスイングリッシュ」を運営しています。ベリタスイングリッシュでは、私たちが目指すべき英語像を「自分の意見を、ロジカルに、堂々と、シンプルな表現で、伝える」ことと明確に定義しています。

日本国内では、従来、英語ができる人の理想像は、それが明確に議論されないまま、半ば無意識のうちに、ペラペラとネイティブスピーカーのように流暢《りゅうちょう》に話すこと、とされてきました。しかし、本来求められる力とは、自分の考えを明確に持ち、ノンネイティブスピーカーとして、説得力あるコミュニケーションができることです。そのため、原理原則に立ち返り、今こそ、ゴールの再定義が必要なのです。

受講者の方々のバックグランドは多岐にわたり、これまでに、日系・外資系企業を問わず、多くのビジネスパーソンの方たちが、卒業後にグローバルなキャリアで活躍をされています。

私自身も、原理原則に立ち返り、「基本」を大切にしながら、ベリタスのミッションである「To develop inspiring global leaders of tomorrow.（活力をあたえる明日のグローバルリーダーを育てる）」の実現に向けて、日々邁進しています。

最後に、本書を実現してくれた支援者の方々に感謝の気持ちを述べたいと思います。

この本に書かれている内容は、ゴールドマン、マッキンゼーの上司、先輩、同僚、後輩、ハーバードの恩師やクラスメートから学ばせてもらったことです。元上司、元同僚、恩師、クラスメートには、この場を借りて深く感謝の気持ちを述べたいと思います。初版の刊行以来、多くの言葉をかけていただき、大変励みになりました。どうもありがとうございます。

朝日新聞出版の佐藤聖一さんは、企画段階から率直な意見をくれ、出版への道のりを先導してくれました。また、本書の続編である実践編・コミック版、および韓国・中国・香港・台湾での翻訳版を含め、本書シリーズの刊行を導いてくださいました。どうもありがとうございます。

ベリタスイングリッシュの受講生・卒業生の方たちに、感謝の気持ちを述べさせていただきたいと思います。目標に向かい全力で取り組まれる姿からは、日々新たなインスピレーションとエネルギーを与えてもらっています。どうもありがとうございます。

ベリタス株式会社の同僚たちに、お礼を述べたいと思います。情熱とプライドを持って共通の目標に邁進しながら、お互いを助け合う最高の仲間です。ダイバーシティ豊かな多国籍のチームは、日々私を成長させてくれています。どうもありがとう。

そして、いつも私を支えてくれる妻と娘には、心から感謝の気持ちを述べたいと思います。初版の刊行時は原稿が読めなかった娘も、文庫版の刊行にあたり、妻と共に、原稿を見直してくれました。どうもありがとう。

戸塚隆将

世界《せかい》のエリートはなぜ、
「この基本《きほん》」を大事《だいじ》にするのか？
朝日文庫

2020年8月30日　第1刷発行

著　者　戸《と》塚《つか》隆《たか》将《まさ》

発行者　三宮博信
発行所　朝日新聞出版
〒104-8011　東京都中央区築地5-3-2
電話　03-5541-8832（編集）
03-5540-7793（販売）
印刷製本　大日本印刷株式会社

Published in Japan by Asahi Shimbun Publications Inc.

ISBN978-4-02-261956-3

堺屋 太一
平成三十年（上）（下）
平成三〇（二〇一八）年の日本はまだ何も変わっていなかった！ 衝撃の未来像を緻密な予測で描いた〝警告と提言〟のベストセラー長編小説。

中田 亨
ヒューマンエラーを防ぐ知恵
人間が関わる全ての作業において、人的ミスが原因の事故は起こりうる。その仕組みを分析し、対策を分かりやすく紹介！

中田 亨
防げ！現場のヒューマンエラー
事故を防ぐ3つの力
大きな事故はもちろん、日常のポカミス防止にも効く「異常検知力」「異常源逆探知力」「確実実行力」の知識とコツをわかりやすく解説。

水野 学
アイデアの接着剤
ヒットとは、意外なもの同士を〝くっつける〟ことから生まれる！「くまモン」アートディレクターの仕事術を完全公開。《解説・長嶋 有》

水野 学
アウトプットのスイッチ
「くまモン」生みの親が「売れる」秘訣を公開。ヒットの決め手は最終表現《アウトプット》の質にある。今すぐ役立つクリエイティブ思考と仕事術。

小池 幸子
帝国ホテル流 おもてなしの心
客室係50年
年間に接遇する客数は一五〇〇人。その笑顔に誰もが癒される敏腕客室係が、日本人ならではのおもてなしの心と技を説く。《解説・村松友視》

稲盛　和夫／山中　伸弥
賢く生きるより　辛抱強いバカになれ
京セラ、ＫＤＤＩの創業、ＪＡＬ再建などで平成の〝経営の神様〟といわれる稲盛氏とｉＰＳ細胞を開発し、ノーベル賞を受賞した山中氏の異色対談。

緒方　貞子
私の仕事
国連難民高等弁務官の10年と平和の構築
史上空前の二二〇〇万人の難民を救うため、筆者は難局にどう立ち向かったか。「自国第一主義」が世界に広がる今、必読の手記。《解説・石合　力》

菊澤　研宗
改革の不条理
日本の組織ではなぜ改悪がはびこるのか
相撲協会、希望の党など。よかれと企図された改革は、なぜ次々と失敗してしまうのか？　四つの改革できない理由をもとに不条理の回避法を解説。

酒巻　久
リーダーにとって大切なことは、すべて課長時代に学べる
はじめて部下を持った君に贈る62の言葉
キヤノン電子を高収益企業へと成長させた酒巻社長の仕事力は「課長」時代に培われた。「自分と部下を加速度的に成長させる秘訣」とは？

安藤　俊介
実践アンガーマネジメント
「怒り」を生かす
小さなイライラは消し、大きな怒りは何かを成し遂げるエネルギーに！「怒り」との付き合い方が分かると、仕事や人間関係が劇的に変わる。

加谷　珪一
お金は「歴史」で儲けなさい
日米英の金融・経済一三〇年のデータをひも解き、波高くなる世界経済で生き残るためのヒントをわかりやすく解説した画期的な一冊。